Horst Georg Pöhlmann – Mehdi Razvi

Islam und Christentum im Dialog

Horst Georg Pöhlmann
Mehdi Razvi

Islam und Christentum im Dialog

Verlag Otto Lembeck
Frankfurt am Main

Bibliografische Information Der Deutschen Bibliothek
Die Deutsche Bibliothek verzeichnet diese Publikation in der Deutschen Nationalbibliografie, detaillierte bibliografische Daten sind im Internet über http://dnb.ddb.de abrufbar.

Gesamtherstellung: Druckerei und Verlag Otto Lembeck
Frankfurt am Main und Butzbach
ISBN 10: 3-87476-513-X
ISBN 13: 978-3-87476-513-8

Inhalt

Vorwort

Die in diesem Buch veröffentlichten Dialoge eines Moslems und eines Christen wurden in den Jahren 2005–2006 geführt. Wir versuchten, neue Wege zu gehen und keine vorgepflasterten Wege zu benutzen. Dabei ging es uns vor allem darum, Vorurteile gegen Islam und Christentum auszuräumen, Schubladenantworten zu meiden und einen ergebnisoffenen Dialog zu wagen, der vom anderen lernt, ohne dass er seine Identität aufgibt. Ziel war also nicht nur der Vergleich der Religionen sondern ihre Verständigung und Durchdringung, wenn es denn stimmt, dass Wahrheit kein Besitz sondern eine Suchbewegung ist. Wir haben in diesem Dialog sehr viel Wert darauf gelegt, ganz unbefangen miteinander zu reden – auch über schwierige Punkte, die gerne im Dialog tabuisiert werden. Wir lehnen jede interreligiöse Schummelei ab, die nur die Gemeinsamkeiten anspricht und die Unterschiede verschweigt.

Wir wollten nicht erneut die ganze Sekundärliteratur umschaufeln, sosehr wir auf sie eingehen, das direkte Gespräch war uns wichtiger. Am Schluss der Dialoge sprachen wir immer ein Gebet, man kann ja eins sein, auch wenn man nicht einig ist. Alle unsere Sätze äußerten wir unter dem Vorbehalt, dass keiner die ganze Wahrheit hat (1. Kor. 13, 9 f.; Joh. 16, 13) und wir nur Bruchstücke von der Wahrheit haben (1. Kor. 13, 9.12). Man kann hier nur Vorläufiges, nichts Endgültiges sagen. Der Dialog geht weiter.

April 2006

Horst Georg Pöhlmann
Wallenhorst/Osnabrück

Mehdi Razvi
Hamburg

1. Trennt uns nicht ein verschiedenes Schriftverständnis? [1]

Pöhlmann: Trennt uns nicht ein verschiedenes Schriftverständnis? Kann man Koran und Bibel gegenüberstellen, wo sie doch in den beiden Religionen ganz verschieden gedeutet werden und wir in ihnen auf eine unterschiedliche Hermeneutik stoßen? Die Bibel ist ein geschichtliches Buch, der Koran ist ein übergeschichtliches Buch. Die Bibel haben Menschen geschrieben, der Koran wurde von Gott diktiert! Das Alte und Neue Testament sind in 1 100 Jahren entstanden, der Koran zwischen 610 und 632, also in 23 Jahren! Gott hat dem Mohammed sozusagen aus dem Koranoriginal, das sich im Himmel befindet, vorgelesen, während die Bibel nur ein fernes Echo auf Gottes Wort ist.
Razvi: Der Koran ist kein historisches Buch sondern ein metaphysisches Buch. Er wurde in einer Zeit offenbart, ist aber doch überzeitlich.
Pöhlmann: Die Bibel ist kein überzeitliches Buch, Gott geht ganz in die Zeit ein und sagt uns sein Wort in menschlichen Worten, ja sein Wort – Jesus Christus – wird Mensch. (Joh. 1, 14) Manche christlichen Theologen reden von der Menschwerdung Gottes im Christentum im Unterschied zur Buchwerdung Gottes im Islam.
Razvi: Wir wollen keine polemischen Schubladen ziehen. Du sagtest, Gott redet in der Bibel zu uns. Sie ist also auch für dich eine Offenbarung Gottes wie der Koran.
Pöhlmann: Gott offenbart sich in der Bibel.

---

1 Vgl. J. Gnilka, Bibel und Koran. 4. Aufl. 2004 S.37–70; H. Zirker, Christentum und Islam 1989 S. 85–93; A. Schimmel, Die Zeichen Gottes 1995 S. 196 ff.; H.-M. Barth, Dogmatik 2001 S. 188 ff.; F. Körner, Können Muslime den Koran historisch erforschen? In: Theol. Zeitschrift Jg. 61 2005 H. 3 S. 226–236; H. G. Pöhlmann, Abriss der Dogmatik 6. Aufl. 2002 S. 41 ff., S. 62 ff.

Razvi: Er tut das übrigens auch nach islamischer Lehre. Die Bibel ist auch für uns Moslems eine Offenbarung Gottes, wenn auch nicht ganz.

Pöhlmann: Welche Teile der Bibel haben für den Islam Offenbarungscharakter?

Razvi: Das ganze kanonische Alte Testament, also der hebräische Text, nicht der griechische Text in ihm, die Apogryphen, die ja auch für euch Protestanten nicht zur Bibel gehören. Vom Neuen Testament erkennen wir Moslems die vier Evangelien als Offenbarung Gottes an, nicht aber die Briefe des Paulus. Die Christologie des Koran ist daher vorpaulinisch. Jesus ist für uns nicht Gott (Phil. 2, 6), sondern ein vom Geist Gottes inspirierter Mensch (Mark. 1, 10). Die Bibel ist für uns Moslems in dem genannten Umfang Wort Gottes wie der Koran.

Pöhlmann: Die Bibel *ist* nicht Wort Gottes, sie *bezeugt* es nur, sie nicht identisch mit Gottes Wort sondern nur seine Membran, das Wort Gottes wird nicht *direkt* offenbar in der Bibel sondern *indirekt*, im Menschenwort. Gottes Wort verbirgt sich in ihr im unzulänglichen Menschenwort. Das hängt zusammen mit der Kondeszendenz Gottes im Christentum, mit Gottes Abstieg zu uns Menschen, mit dem Gott, der es nicht besser haben will als wir, sondern Mensch wird und mit uns Menschen auf gleich wird in Jesus Christus, mit seiner Selbstentäußerung – um mit Paulus zu reden (Phil. 2, 7; 2. Kor. 8, 9). Die Bibel ist Gottes Wort im Menschenwort.

Razvi: Der Koran ist nicht Gottes Wort im Menschenwort, er *ist* Gottes Wort. Er ist mit Gottes Wort identisch, er ist nicht Gottes Wort im Menschenwort, also nur indirekt Gottes Wort, sondern direkt Gottes Wort. Gott macht keine Umwege und Schleichwege. Er ist allmächtig und benötigt keine Membran oder einen Lautsprecher. Der Koran ist kein Menschenwort sondern Gottes Wort. Die Hadith ist Menschenwort. Sie besteht aus den Worten Mohammeds. Der Autor des Koran ist aber Gott, nicht Mohammed.

Pöhlmann: Ganz anders unser christliches Bibelverständnis. Nicht die Worte der Bibel sind von Gott inspiriert sondern ihr Inhalt und ihre menschlichen Autoren. Wir unterscheiden in unserer Tradition die *Verbal*inspiration von der *Real*inspiration und der *Personal*inspiration der Bibel, ihre wörtliche Inspiration von ihrer inhaltlichen Inspiration und persönlichen Inspiration des Autors einer biblischen Schrift. Ich kann nur eine Realinspiration und eine Personalinspiration der Bibel bejahen, keine Verbalinspiration.
Razvi: Der Begriff Verbalinspiration ist außerislamisch. Wir kennen die Begriffe Verbalinspiration, Realinspiration und Personalinspiration in unserer Theologie nicht. Ich komme aus einer rationalistischen Schule, der Mutazilitenschule, der ältesten theologischen Schule des Islam, einer schiitischen Schule. In der Streitfrage, ob der Koran von Gott erschaffen wurde oder unerschaffen ist und immer in Gott existiert hat – wie die Traditionalisten lehrten – plädieren wir für die These: der Koran ist ein erschaffenes Wort Gottes, seine Laute, Buchstaben und Inhalte wurden alle von Gott erschaffen.[2] Der Koran ist Gottes Schöpfung, nicht Gottes Attribut oder Wesen. Der Koran ist eine Offenbarung und Inspiration Gottes. Es gibt drei Formen der Offenbarung oder Inspiration Gottes, die, die ein Dichter oder Künstler hat, die, die ein Heiliger wie Franz von Assisi bekommt, und die, die ein Prophet oder Gesandter Gottes empfängt wie Mose, Jesus und Mohammed. Die dritte Form trifft für den Koran zu. Wie verstehst du Offenbarung?
Pöhlmann: Nicht, wie ich schon sagte, als Verbalinspiration, aber als Personalinspiration und weithin auch als Realinspiration, obschon es Inhalte in der Bibel gibt, die nicht von Gott inspiriert wurden wie die Schilderungen von heiligen Kriegen im Alten Testament oder Racheaussagen in den Psalmen und im Neuen Testament oder Diffamierungen von Menschen, Menschengruppen und Völkern in der Bibel, die

2 A. Bertholet und E. Lehmann (Hg.), Lehrbuch der Religionsgeschichte I 1925 S. 727

dem Liebesgebot Gottes widersprechen, das in der Mitte der Bibel steht. Die Bibel bezeugt nicht immer Gottes Wort. Wichtig ist für mich noch ein anderes viertes Offenbarungs- und Inspirationsverständnis, dass Gott sich *mir* als *Leser* und *Hörer* der Bibel offenbart und *mich* inspiriert, wenn ich sie lese und höre. Der Text muss für *mich* eine Offenbarung sein, er muss *mich* inspirieren, sodass ich ein anderer Mensch werde. Das kann auch ein sehr anstößiger und sperriger Bibeltext sein und muss kein „Lieblingstext" sein, den ich mir aussuche, weil er mir gefällt und weil er leicht eingeht. Der Text muss mich existentiell angehen. Der Text muss mir unter die Haut gehen, nicht nur unter den Anzug. Er muss mich persönlich ansprechen. Nicht etwas Objektives wird inspiriert, sondern etwas Subjektives. Nicht *etwas* wird offenbar, ich werde *mir* offenbar. Das ist sicher ein ganz neuer Offenbarungsbegriff, den du bitte nicht missverstehen mögest, als bliebe ich bei mir selbst. *Gott* spricht, wenn er zu mir spricht. Aber *ich* muss angesprochen sein. Der Text muss mich existentiell angehen, sodass ich mir sage: Ich bin gemeint. Ich muss mich in einem Text wieder erkennen. Der Text legt mich aus, wenn ich den Text auslege. Was hilft mir aller Glaube, wenn die Eingeweide nicht mitglauben? Wenn ich nur mit dem Kopf glaube. Ich muss beim Bibellesen und Bibelhören existentiell betroffen sein. Wir nennen das im Protestantismus die „existentiale Interpretation" der Bibel, die ich freilich aber anders verstehe als Martin Heidegger und Rudolf Bultmann, auf die dieser Begriff zurückgeht.[3] Diese *existentiale* Inspiration und Offenbarung wird mir immer wichtiger in meinem Leben, je älter ich werde.

Razvi: Ich habe eine ganz ähnliche Koranhermeneutik. Gott spricht zu *mir* durch den Koran, nicht nur objektiv sondern subjektiv. Gott ist das Subjekt, ich bin das Objekt.

---

3 R. Bultmann, Neues Testament und Mythologie, Ker. u. Mythos I 1950 S. 22; Zum Problem der Entmythologisierung, Ker. u. Mythos II 1965 S. 187 f., 191 ff.

Pöhlmann: Nein, ich bin Subjekt, nicht Objekt. Sosehr wir in unserem beiderseitigen Schriftverständnis darin übereinstimmen: *Gott* spricht durch unsere Hl. Schrift, sei es der Koran oder die Bibel.

Razvi: Du sprachst vorhin von der Mitte der Bibel

Pöhlmann: Gibt es für dich als Koranleser auch so etwas wie eine Mitte des Korans? Ich höre immer von Moslems, der Koran sei im Unterschied zur Bibel keine gestufte Größe mit einer Mitte und Spitze sondern eine flächenhafte Größe, in der alle Sätze gleich wichtig sind, weil alle Worte des Koran von Gott diktiert wurden. Die Bibel ist keine flächenhafte Größe, in der alle Aussagen gleich wichtig sind, sondern eine gestufte Größe mit einer Mitte und Spitze, von der her sie alle zu sehen sind, an der sie alle zu messen sind, und von der her sie alle auch zu kritisieren sind.

Razvi: Auch im Koran gibt es eine Mitte. Nach Sure 3, 7 des Koran sind „Verse von entscheidender Bedeutung" des Koran von solchen, die das nicht sind, zu unterscheiden. Erstere werden als „die Mutter" oder „der Kern" des Korans bezeichnet. Auch der Koran ist eine gestufte Größe, keine flächenhafte Größe, wo alle Sätze gleich wichtig sind. Es gibt mindestens 64 Stufen des Verständnisses des Koran. Der Interpretationsspielraum ist hier sehr groß.

Pöhlmann: Die Mitte der Bibel ist für mich die Liebe Gottes. Kennt der Koran auch so eine Mitte? Ich denke an die 113 Überschriften über 113 von 114 Koransuren „Im Namen Allahs, des Erbarmers, des Barmherzigen!"

Razvi: Die Mitte des Koran ist die Gnade und Barmherzigkeit Gottes, seine Gnade für alle Menschen und seine Barmherzigkeit für die Sünder. Die Überschriften über den Koransuren erweisen das, aber auch die 1. Sure „Al-Fatiha", die „Mutter des Korans", die von der Vergebung im Gericht spricht, sowie der Satz aus der 50. Koransure: „Wir sind ihm näher als die Halsschlagader" (50, 16), wobei mit „wir" Gott, mit „ihm" der Mensch gemeint ist. Gott ist dem Menschen näher als die Halsschlagader.

Pöhlmann: Als Koranleser fällt mir auf, wie sehr im Koran doch das Jüngste Gericht in der Mitte steht, das in ihm so häufig erwähnt wird. Nach Sure 9, 44 sind „diejenigen" die Anhänger Mohammeds, „die an Gott und den Jüngsten Tag glauben". Ist der Islam nicht eine Gerichtsreligion?
Razvi: Was ist der Jüngste Tag? Der Koran sagt: ein „Tag, an dem kein Geschöpf etwas für ein anderes Geschöpf tun kann" und „an dem alle Entscheidung in Gottes Hand liegt" (Sure 82, 19). Ein Tag also, an dem Gott die Freiheit hat, uns zu begnadigen, obschon er uns richten müsste, und ein Tag, wo er diese Freiheit wahrnimmt. Dass der Islam eine „Gerichtsreligion" sei, ist ein verstaubtes Klischeeurteil aus der christlichen Polemik, ebenso dass er eine „Gesetzesreligion" sei.[4] Er ist die Religion der Gnade und Liebe Gottes
Pöhlmann: wie das Christentum. Wir stoßen hier auf eine fundamentale Gemeinsamkeit der beiden Religionen, die in Vergessenheit geriet.
Razvi: D'accord. Doch ist nicht auch im Alten Testament und in den Evangelien sehr oft vom Gericht die Rede?
Pöhlmann: Gericht und Gnade gehören nach christlicher Lehre zusammen. Denn nur wenn ich unter dem Gericht Gottes erzittert bin, erlebe ich es als das unbegreifliche Wunder, dass Gott Gnade vor Recht ergehen lässt. Nur weil uns Gott hinrichtet, kann er uns auch aufrichten.
Razvi: Das Gericht ist ein Aufrichten, kein Hinrichten. Das Gericht ist als Begnadigung ein Gnadenakt. Gott hat die Freiheit dazu. Diese freie Gnade Gottes ist die Mitte des Korans. Ich kann aber als Moslem nicht von der Mitte des Korans her andere Aussagen des Korans kritisieren, wenn ich sie auch von ihr her relativieren kann. Hier ist, denke ich, ein hermeneutischer Unterschied zur Bibelauslegung der Christen, die diese von ihrer Mitte her kritisieren können. Was in der Bibel soll von der Mitte der Bibel her, der

---

4 zur christlichen Wahrnehmung des Islam, siehe A. von Scheliha, Der Islam im Kontext der christlichen Religion. 2004 S. 14–51

Gnade Gottes, die keinen Menschen ausschließt, kritisiert werden?

Pöhlmann: Racheaussagen in ihr, wenn etwa im Psalm 137, 9 der selig gepriesen wird, der die Kinder der Babylonier am Felsen zerschmettert, oder der „Bann" im heiligen Krieg des Alten Testament, wenn Gott die Ausrottung der gesamten Bevölkerung von Städten wie Jericho und Ai anordnete (Jos. 6, 2. 17. 21; 8, 1. 22–26) – ein Gott, den man wohl mit einem Götzen verwechselt hat – oder antijüdische Sätze im Neuen Testament, die Juden seien „Feinde aller Menschen" (1. Thess. 2, 15) und „Teufelssöhne" (Joh. 8, 44) – um nur ein paar Beispiele zu bringen. Solche und ähnliche Aussagen der Bibel sind von ihrer Mitte her abzulehnen und auszuscheiden.

Razvi: Ich kann als Moslem weder im Koran noch in den für uns normativen biblischen Schriften etwas ablehnen oder ausscheiden. Sie sind heilige Schriften und Wort Gottes, wo es nichts auszuscheiden gibt. Das hebräische Alte Testament und die Evangelien des Neuen Testaments sind für uns Moslems ohne jede Einschränkung und ohne jeden Abstrich Offenbarung Gottes.

Pöhlmann: Ich staune, wie hoch ihr Moslems unsere Bibel einschätzt. Es gibt ja auch christliche Theologen, die umgekehrt im Koran eine Offenbarung Gottes sehen und die Offenbarungsgeschichte über die Bibel hinaus erweitern wie R. Leuze. [5]

Razvi: Kannst du auch so weit gehen und den Koran als Offenbarung Gottes anerkennen?

Pöhlmann: Du bringst mich in Bedrängnis mit dieser Frage. Du weißt, dass nach kirchlicher Lehre die Offenbarung mit der Bibel und mit Jesus Christus abgeschlossen ist. Doch neben dieser „besonderen Offenbarung" oder „revelatio specialis" in der Bibel und in Christus gibt es nach meiner Lehrtradition noch eine „allgemeine Offenbarung" oder

5 R. Leuze, Christentum und Islam. 1994 S. 51

„revelatio generalis“,[6] in der sich Gott allen Menschen in allen Religionen bezeugt. Nach Paulus offenbart sich Gott in dieser an die Nichtchristen ergehenden allgemeinen Offenbarung in der Schöpfung (Röm. 1, 19 f.) und im Gewissen (Röm. 2, 14 f.), nach der Apostelgeschichte ist diese allgemeine Offenbarung an die Nichtchristen Heilsoffenbarung (Apostelg. 14, 17; 17, 27 f.), nicht etwa nur Gerichtsoffenbarung (Röm. 1, 18). Dass es nach der Bibel außerhalb von Christus Heilsoffenbarung gibt, zeigt die Heilszusage an Abraham[7] und Noah im Alten Testament (1. Mose 15, 6; 17, 2 ff.; 9, 1 ff.). Der Hl. Geist wirkt nach der Bibel nicht nur in der Kirche sondern in der ganzen Welt.[8] (1. Mose 1, 2; 2, 7; Ps. 104, 25–30; Weish. 1, 7) Warum sollte er dann nicht auch im Koran wirksam sein? Wenn die allgemeine Offenbarung an alle Menschen in allen Religionen ergeht, warum nicht auch im Koran? Der Maßstab, an dem die Echtheit der revelatio generalis zu überprüfen ist, ist freilich für mich die revelatio specialis der Bibel. Sie ist auch der Maßstab, an dem ich die Echtheit des Geistwirkens in der Welt überprüfe, es könnte ja auch ein Ungeist in ihr am Werk sein.

Razvi: Der Hl. Geist erfüllt nicht nur den Koran, er erfüllt das ganze Leben der gläubigen Moslems. Er durchströmt uns vor allem im Monat Ramadan, wo wir fasten. Nach Mohammed gibt es für jede gute Tat eine Belohnung, für das Fasten ist aber Gott selbst die Belohnung, der in seinem Geist in uns wohnt. Sein Geist wirkt besonders in den letzten zehn Nächten des Ramadan, in denen wir manchmal die ganze Nacht durchbeten. Um die Nähe des Hl. Geistes zu spüren, ist es nötig, dass der Mensch sein Herz frei macht von der Welt

---

6 Näheres H. G. Pöhlmann, Abriss der Dogmatik. 6. Aufl. 2002 S. 44, 50 ff.

7 vgl. W. Härle, Dogmatik. 1995 S. 101

8 Näherer Nachweis H. G. Pöhlmann, Heiliger Geist – Gottes Geist, Zeitgeist oder Weltgeist? 1998

Pöhlmann: und sich ihm öffnet, damit uns nicht mehr ein Ungeist regiert sondern er allein. Wir können ihn freilich nicht herbeizwingen, er weht, wo er will (Joh. 3, 8), nicht wo wir wollen. Wir sind nur ein Zweig, der darauf warten muss, dass sich der Vogel auf ihn setzt. Wir können ihn nicht herbeinötigen oder gar in einem Käfig einsperren, wie das die Kirche oft getan hat.
Razvi: Der Hl. Geist weht, wo er will. Alles ist Gnade, das sagen auch wir Moslems, nicht nur ihr Christen. [9]
Pöhlmann: Was ist für dich der Hl. Geist?
Razvi: Er ist der Engel Gabriel. Was verstehst du unter dem Hl. Geist?
Pöhlmann: Der Hl. Geist ist die Macht, die den menschlichen Geist über sich hinaus treibt und ihn antreibt zur Liebe, der wichtigsten Geistesgabe (Gal. 5, 22). Der Geist Gottes ist in der Bibel wie im Koran am Werk, sosehr er nicht in ein Buch eingesperrt werden kann. Er ist unverfügbar und weht, wo er will. Könnten wir uns in diesem beiderseitigen Schriftverständnis einigen?
Razvi: Beide Bücher bezeugen Gottes Wort. Darin stimmen wir überein.
Pöhlmann: Man unterstellt euch christlicherseits eine „Verdinglichung“ des Wortes Gottes im Koran, das wörtlich von Gott dem Mohammed diktiert wurde, als könnte der Mensch über das Wort Gottes verfügen.
Razvi: Dieser Verdinglichungsvorwurf stammt auch aus der polemischen Schublade der Christen und er tut uns Unrecht. Gottes Wort ist unverfügbar wie Gott selbst. Viele Aussagen des Korans sind zudem metaphorisch [10] zu verstehen, nicht wörtlich, symbolisch, nicht buchstäblich, geistig, nicht materiell. So wird die Schöpfung in 6 Tagen nicht wörtlich sondern symbolisch verstanden. Dasselbe gilt von

9 In der „Gemeinsamen Erklärung zur Rechtfertigungslehre“ (1997/1999) haben sich Katholiken und Protestanten hierauf geeinigt.
10 von Metapher = Vergleich, Bild

der Jungfrauengeburt Mariens. Im Gegensatz zu den Traditionalisten denken wir von der Mutazilitenschule so.
Pöhlmann: Auch für mich sind viele Aussagen der Bibel symbolisch, nicht wörtlich, metaphorisch, nicht buchstäblich zu interpretieren. Wie etwa die Jungfrauengeburt. Sie ist kein biologisches oder gynäkologisches Wunder sondern ein Symbol für die Alleinwirksamkeit der Gnade Gottes, die jede menschliche Mitwirkung ausschließt. Die Jungfrauengeburt zeigt überdeutlich: der Mensch kann sich nicht selbst erlösen, nur Gott kann ihn erlösen. Die Erlösung ist ein Widerfahrnis der Gnade, keine Leistung des Menschen.
Razvi: Um noch ein anderes Beispiel zu nennen: auch die Paradiesesbeschreibungen im Koran (Sure 38, 49 ff.; 43, 70 ff.; 47, 15 f.; 78, 31 ff.), die ihr Christen gerne materialistisch deutet, sind nicht wörtlich sondern metaphorisch auszulegen.
Pöhlmann: Dasselbe gilt von den Paradieses- und Himmelsschilderungen in der Offenbarung des Johannes des Neuen Testaments (Offbg. 21 und 22). Der Himmel ist ein Geheimnis, das sich allen Begriffen und Bildern entzieht. Man kann nicht die neue Welt Gottes mit Begriffen der alten Welt beschreiben, sonst wäre sie nichts Neues sondern eine Neuauflage des Alten. Paulus hat das begriffen, wenn er über die neue Welt Gottes eigentlich nur sagen kann, sie ist ganz anders (1. Kor. 15, 39 ff.).
Die drei ältesten synoptischen Evangelien Markus, Matthäus und Lukas erwähnen allein 41 Gleichnisse Jesu. Jesus redet deshalb so gerne in Gleichnissen, um klar zu machen: diese Welt ist nur eine Metapher, nur ein Vergleich, nur ein Gleichnis, das über sich hinaus weist auf eine ganz andere Wirklichkeit, das Reich Gottes, das Geheimnis bleibt, das jedes Gleichnis hinter sich lässt und das sich jedem Gleichnis entzieht. Jesus spricht auffallend oft metaphorisch oder gleichnishaft. Die metaphorische Deutung unserer beiden heiligen Schriften ist eine ganz neue Gemeinsamkeit zwischen unseren Religionen, was bisher übersehen wurde.

2. Glauben wir an den selben Gott?

Pöhlmann: Es gibt eine uns übersteigende Wirklichkeit, es gibt etwas jenseits des Berechenbaren und Nützlichen.
Razvi: Wir nennen diese Wirklichkeit „supraontologische Realität", also eine Realität, die unser Sein übersteigt.
Pöhlmann: Sie ist nicht das höchste Sein sondern über allem Sein, eben das „Ganz Andere", wie Rudolf Otto sagt. [11] Paradoxer definiert diese alles umfassende und alles übersteigende Wirklichkeit Luther: „Nichts ist so groß, Gott ist noch größer, nichts ist so klein, Gott ist noch kleiner!" [12] Gott ist für ihn ein „glühender Backofen voller Liebe". [13] Ihr nennt ihn Allah, wir Gott. Ist es der gleiche Gott?
Razvi: Wenn es nur einen einzigen Gott gibt, ja, ohne Zweifel.
Pöhlmann: Du weißt, dass das christlicherseits bestritten wird.
Razvi: Wir können nicht über Gott streiten, er ist unstrittig. Alles andere ist strittig.
Pöhlmann: Viele Christen behaupten wie Tiele und Söderblom, Allah sei ein Willkürgott, „er belohnt und straft nach Willkür" und fordert die „sklavische Unterwerfung" unter ihn. [14] Wir sind den Sultanslaunen dieses Willkürgottes ausgeliefert.
Razvi: Das ist ein übles Missverständnis und Vorurteil. Das Wort Allah ist auf die arabische Wurzel Aliha Jalahu zurückzuführen und es heißt dann „der, zu dem wir uns in unserer Not wenden". Allah ist kein Willkürgott sondern unsere Zuflucht.

---

11 Rudolf Otto, Das Heilige 29 + 30 1936 S. 28
12 W. Köhler, Dogmengeschichte 3. Aufl. 1951 S. 87
13 W. A. 36 S. 425 Z. 13
14 Tieles Kompendium der Religionsgeschichte, umgearbeitet von N. Söderblom 1912 S. 205

Pöhlmann: Aber heißt es nicht im Koran Sure 6, 39 „Allah führt irre, wen er will, und er führt auf einen rechten Pfad, wen er will"?
Razvi: Das ist eine falsche Übersetzung. Richtig übersetzt lautet der Satz „Allah lässt uns irre gehen …" Er gibt uns die Freiheit, in die Irre zu gehen, wie er auch dem Teufel die Freiheit gibt, uns zu versuchen.
Pöhlmann: Viele christliche Theologen meinen, der Gott des Islam sei ein Gott der Transzendenz [15], kein Gott der Immanenz [16], nach C. Snouck-Hurgronje wird Allah nirgends im Koran als „Vater der Menschen" bezeichnet, „dazu thront er zu hoch" [17], nach W. Philipp fasziniert viele Menschen am Islam gerade „der mit dem Einsatz der Person bezeugte Glaube an Majestät, Glanz, Transzendenz des einen, einzigen, diamantblitzenden Hochgottes" [18], nach J. Gnilka ist Allah „der absolut Transzendente". „Zum Gott des Koran haben die Menschen keinen Zugang" [19].
Razvi: Das ist ein Fehlurteil. Wir Moslems haben sehr wohl einen Zugang zu Gott. Wir können zu ihm beten und wir beten fünfmal am Tag zu ihm und er erhört uns. Ich habe bereits in einem früheren Gespräch auf den Satz Sure 50, 16 hingewiesen, dass Gott dem Menschen näher ist als die Halsschlagader. („Wir sind ihm näher als die Halsschlagader".)
Pöhlmann: Aber ist vom Kontext dieses Satzes her mit ihm wirklich die liebende Nähe Allahs gemeint? [20] („… wir

---

15 Jenseits
16 Diesseitigkeit
17 In: A. Bertholet und E. Lehmann, Lehrbuch der Religionsgeschichte I 1925 S. 726
18 W. Philipp, Religiöse Strömungen unserer Gegenwart 1963 S. 264
19 J. Gnilka, Bibel und Koran 4. Aufl. 2004 S. 80; auch nach P. Antes hat der Islam eine transzendenzbetonte Gottesvorstellung. Lexikon f. Theol. u. Kirche V 1996 Sp. 622; vgl. auch H. M. Barth, Dogmatik 2001 S. 244
20 J. Gnilka, a. a. O. S. 80

wissen, was ihm seine Seele einflüstert, denn wir sind ihm näher als die Halsschlagader").

Razvi: Der Kontext zeigt doch gerade, dass der Mensch Trost braucht. Allah ist nicht nur ein transzendenter Gott sondern auch ein immanenter Gott, er ist ein naher, kein ferner Gott. Transzendenz heißt lediglich, wir können Gott nicht begreifen, er ist jenseits unseres Denkens und übersteigt unsere Vernunft.

Pöhlmann: Diese Transzendenz kennen wir Christen auch. Der Mystiker G. Tersteegen meinte: „Ein begriffener Gott ist kein Gott" und der Kirchenvater Augustinus sagte von Gott: „Wenn du ihn begriffen hast, ist es nicht Gott". Die Theologie spricht über etwas, was sich wesensmäßig aller Sprache entzieht. Theologie ist Kapitulation der Sprache vor dem Sprachlosen, Theologie ist Kapitulation vor dem Geheimnis. Eine vollmundige Theologie hat das vergessen. Das ist aber nicht alles, was von Gott zu sagen ist. Obschon Gott unbegreiflich ist, lässt sich Gott greifen, der ganz Andere wird ganz der Unsere. Gott wird Mensch, er geht in die Geschichte ein und er ist kein ungeschichtlicher Gott wie Allah. Er geht in die Immanenz ein und gibt seine Transzendenz auf. Er ist nicht im Himmel zu suchen sondern am Kreuz.

Razvi: Was du sagst, ist für den Islam ein Ärgernis. Gott ist ein übergeschichtlicher Gott, kein geschichtlicher Gott. Gott wird kein Mensch. Gott kann nicht ein Geschöpf werden. Schöpfer und Geschöpf sind voneinander geschieden. Wer beide vermischt, treibt Kreaturvergötterung.

Pöhlmann: Schöpfer und Geschöpf, Gott und Mensch werden in der Inkarnation nicht miteinander vermischt. Beide sind nach dem Konzil von Chalzedon (451) „unvermischt und ungetrennt"[21]. Gott wird Mensch und er bleibt doch Gott. Jesus und Gott sind eins und doch verschieden.

21 Denzinger-Schönmetzer 302

Razvi: Das ist absurd nicht nur für islamische, auch für jüdische Ohren.

Pöhlmann: Es ist in der Tat absurd, dass Gott Mensch wird, um uns als Mensch und von Mensch zu Mensch zu begegnen, dass Gott unser Partner wird, mit uns auf gleich ist und es nicht besser haben will. Das ist ein absurdes Wunder, dass er aus Liebe zu uns ans Kreuz geht. Wir reden von der Kondeszendenz, vom Abstieg Gottes zu uns Menschen aus Liebe zu uns.

Razvi: Auch Allah ist ein Gott der Liebe und kein Gerichtsgott, wie ihr Christen immer behauptet. [22]

Pöhlmann: Wir sprachen schon davon, dass der Koran auffallend oft vom Gericht redet. „Allah ist schnell im Rechnen", lesen wir im Koran (Sure 5, 4). Wir Christen glauben, Gott hat selber unsere Rechnungen am Kreuz bezahlt. Er lässt sich stellvertretend für uns am Kreuz richten. Doch er lässt auch nach islamischem Glauben Gnade vor Recht ergehen, wenn er es will.

Razvi: Ich betonte schon in einem früheren Gespräch, wenn Gott uns richtet, will er uns eigentlich aufrichten und herrichten, nicht hinrichten. Gott will, dass seine Gnade vor seiner Strafe ihr Ziel erreicht, wie wir in einer Hadith lesen. Gottes Gericht ist eine Wiederherstellung des Menschen. Unser arabisches Wort für Gericht „Din" heißt Erfüllung, Erfüllung, was Gott versprochen hat. Wenn der Koran vom Gericht redet, meint er die Begnadigung im Gericht, zu der Gott die Macht und Freiheit hat. In der Mitte des Korans steht die Gnade Gottes.

Pöhlmann: Wieder frage ich trotzdem, ob wir wirklich an den selben Gott glauben bei den großen Unterschieden im Gottesglauben, auf die wir stießen.

Razvi: Wir glauben an den selben Gott, der sich uns auf ganz verschiedene Weise offenbart.

---

22 so z.B. Tieles Kompendium der Religionsgeschichte, umgearbeitet von N. Söderblom 1912 S. 186 f.

Pöhlmann: Diese Formel könnte ich bejahen. Und dann gibt es doch noch sehr viele Gemeinsamkeiten wie den Glauben an den einen Gott, den Monotheismus, den Mohammed aus unserer Bibel übernommen hat und von Mose überliefert bekam, wie wir in Sure 20, 9 ff. nachlesen können.
Razvi: Der Monotheismus ist der Dreh- und Angelpunkt des Koran und sein Herzstück: „Siehe, ich bin Allah. Es gibt keinen Gott außer mir“ (Sure 20, 14). Der Glaube an die Einzigkeit Gottes kommt aber nicht nur aus dem Alten Testament sondern auch aus der Nabatäertradition Mohammeds.
Pöhlmann: Das monotheistische Bekenntnis zu dem einen Gott ist auch die Mitte des Christentums, was wir Christen vergessen haben und von euch Moslems wieder lernen müssen. Als Jesus gefragte wurde, was das höchste Gebot sei, antwortete er, das Sch^e^ma[23] des Alten Testamentes sei das höchste Gebot, das er dann zitierte: „Höre, Israel, der Herr, unser Gott, ist ein einziger Herr. Darum sollst du den Herrn, deinen Gott mit ganzem Herzen lieben …“ (Mk. 12, 29 f.). Dieses Sch^e^ma, das auch das Grundbekenntnis des Judentums ist, eint die drei abrahamischen Religionen. Angesichts der vielen falschen Götter unserer Zeit, ich nenne nur den allgegenwärtigen Gott Mammon, ist dieses Bekenntnis zum einen und einzigen Gott brandaktuell.
Razvi: Der Glaube an den einzigen Gott ist heute so aktuell wie noch nie, heute, wo sich der Mensch verabsolutiert und wo sich der Mensch zum neuen Gott macht, wo sich der Mensch zum eigenen Maßstab macht und den Maßstab Gottes nicht braucht. Der Mensch ist größenwahnsinnig geworden und er vergisst, dass er nur ein Mensch ist, die Verkleinerung des Menschen auf seine natürliche Größe tut Not. Der Starkult und Personenkult mit Diktatoren zeigt zur Genüge, wo diese Vergötzung des Menschen hinführt.

---

23 das jüdische Glaubensbekenntnis aus 5. Mose 6, 4 f.

Pöhlmann: Doch lenken wir nicht ab von dem schlimmsten Abgott, der ich selber bin, wenn ich mich zum Gott anderer Menschen mache, sie beherrschen und von mir abhängig machen will, wenn ich immer im Mittelpunkt stehen will und mich vordränge und andere auf die Seite drücke. Natürlich kann sich auch ein anderer Mensch zu meinem Gott machen und mich von ihm abhängig machen wollen. Wie befreiend kann dann das Bekenntnis zu dem einen Gott sein! Der eine Gott befreit mich von allen falschen Göttern. Solche falschen Götter können nicht nur Personen sondern auch Sachen sein wie das Geld und der Konsum oder der Erfolg und die Droge Anerkennung.
Razvi: Christen und Moslems bekennen sich beide zu dem *einen* Gott, sagten wir. Wenn es so ist, wie könnt ihr dann von drei göttlichen Personen in eurer Lehre von der Dreieinigkeit Gottes reden, die in den Konzilien von Nizäa (325) und Konstantinopel (381) festgelegt wurde und seither als unfehlbares Dogma der griechischen und lateinischen Kirche gilt. Du weißt, im Koran steht der Satz, der auf eure Trinitätslehre anspielt: „Sprecht nicht ‚Drei' … Allah ist nur ein einziger Gott". (Sure 4, 171) Ich könnte diese Dreieinigkeitslehre verstehen, wenn es sich um drei Prädikate handeln würde, nicht um drei Subjekte.
Pöhlmann: Gott besteht nicht aus drei Subjekten. Sicher ist in der christlichen Tradition von drei „Hypostasen" oder drei „personae" des einen göttlichen „Wesens" die Rede. Hypostasis oder das entsprechende lateinische Wort persona dürfen aber nicht mit dem modernen Begriff „Person" oder „Persönlichkeit" verwechselt werden, mit denen das unabhängige Selbstbewusstsein, also etwas Isoliertes gemeint ist. Das trinitarische Hypostasis bedeutet seit den Kappadoziern lediglich die „Verwirklichung" eines Seins oder Wesens und dessen „Verwirklichungsgestalt".[24] Die drei Hypostasen Gottes sind nicht drei Subjekte sondern drei Prädikate zu

24 A. Adam, Lehrbuch der Dogmengeschichte I 1965 S. 235 f.

einem einzigen Subjekt, nicht drei Personen sondern drei Gestalten einer einzigen Person. Ähnlich hat das scholastisch-altkirchliche „persona" nach der klassischen Definition des Boethius [25] die Bedeutung: Spezifizierung und Spezialisierung ein und derselben Sache, nicht also das, was wir heute unter „Person" oder „Persönlichkeit" verstehen. Die drei personae sind folglich die drei Besonderungen oder Erscheinungsweisen des *einen* göttlichen Wesens – ähnlich wie drei Äste eines Baumes, nicht aber drei „Personen" im heutigen Sinn. Nach einem anderen Verständnis von persona sind nur drei Masken oder Rollen des einen Gottes gemeint. Der eine Gott begegnet auf dreifache Weise, aber es sind nicht drei Götter oder drei göttliche Subjekte. Wie absurd es wäre, hier von drei Subjekten auszugehen, zeigt das Gebetsleben und die Frage, wie die Gebete auf die drei Subjekte, Vater, Sohn und Geist, verteilt werden. Man kann nicht zu drei Du's beten. Wer zum Sohn betet, betet zugleich zum Vater, wer zum Hl. Geist betet, betet zugleich zum Vater und zum Sohn. Es handelt sich hier um ein einziges Subjekt, nicht um drei verschiedene Subjekte, wie viele christliche Theologen meinen. [26]

Razvi: Um drei verschiedene Prädikate des einen Subjekts. Es gibt nicht drei Götter sondern der eine Gott begegnet in dreifacher Gestalt. Es gibt nicht drei göttliche Personen sondern der eine Gott erscheint in drei Begegnungsweisen. Es gibt nicht drei göttliche Subjekte, sondern der eine Gott hat drei Rollen. Ich danke für diese Klärung des Problems. Der Monotheismus eint Christentum und Islam. Ich akzeptiere diese Lehre als christliche Position, nicht freilich für den Islam. Die islamische Gotteslehre lehnt es ab, Gott auf drei

25 „persona" ist die „naturae rationalis individua substantia", also die individuierte oder unvertauschbar einmalige Ausfaltung des Wesens eines vernünftigen Seins.

26 so J. Moltmann, Trinität und Reich Gottes 1980 S. 214 ff., 194 ff.; W. Kasper, Der Gott Jesu Christi 1982 S. 352; D. Staniloae, Orthodoxe Dogmatik 1985 S. 269; W. Pannenberg, Systematische Theologie I 1988 S. 347, 416

Prädikate, Erscheinungsweisen oder Rollen festzulegen als wäre er ein Vater, ein Sohn oder ein Geist. Gott ist das alles nicht und er ist viel mehr. Man darf Gott nicht definieren. Definitionen sind Einschränkungen. Gott ist unbeschränkt. Definitionen sind Eingrenzungen. Gott ist unbegrenzt. Der, der definiert, hat dann eine Definitionsmacht. Der Mensch hat keine Definitionsmacht über Gott. Gott entzieht sich allen Definitionen, weil er ein absolutes Geheimnis ist.

Pöhlmann: Aber es gibt doch viele Beschreibungen Gottes im Koran wie die Anthropomorphismen[27] in ihm, die ihn als Mensch darstellen mit einem Angesicht, Augen, Händen, der auf einem Thron sitzt etc.

Razvi: Diese Anthropomorphismen sind metaphorisch[28] und symbolisch zu deuten. Angesicht ist Gnade, Augen Allwissenheit, Hand Macht Gottes, Thron die Schöpfung.

Pöhlmann; Die Bibel kennt auch solche Anthropomorphismen, wenn sie von Gott sagen kann, er spricht, hört, sieht, riecht, lacht, hat Augen, Finger, einen Arm, Ohren, einen Mund, Lippen, ein Haupt, ein Angesicht, einen Rücken, ein Herz. Ihr Sinn ist, nachzuweisen, dass Gott keine „abstrakte Idee“ oder ein „starres … Prinzip“ ist, sondern eine Person.[29]

Es gibt ja übrigens auch sehr krude Anthropomorphismen im Koran, wenn wir in Sure 3, 54 lesen: „Allah ist der beste Listenschmied“.

Razvi: Die richtige Übersetzung lautet: „Allah ist der beste Planer“, das arabische makar heißt Planer, nicht Listenschmied.

Pöhlmann: Du hast behauptet, es gibt keine Definitionen Gottes. Wieso aber hat dann Allah nach islamischer Lehre 99 Namen? „Sein sind die schönsten Namen“ nach Sure 59, 24.

---

27 Übertragung menschlicher Merkmale auf Gott

28 von Metapher = Vergleich, Bild

29 Ludwig Köhler, Theologie des Alten Testaments 3. Aufl. 1953 S. 6

Razvi: Das arabische Wort Name hat wie das hebräische die Wurzel smw. Das ist die selbe Wurzel, aus der das Wort Himmel kommt. Name bedeutet ursprünglich soviel wie erheben, erhöhen, lobpreisen. Die Namen Gottes sind also Worte, die Gott erhöhen, loben und preisen wollen, nicht etwas, wodurch wir Gott klein machen und in einen Begriffskäfig sperren wollen.
Pöhlmann: Warum sind es 99 Namen?
Razvi: Nach der Hadith hat Gott 100 Namen, 99 kann die menschliche Sprache ausdrücken, den hundertsten nicht. Er bleibt unaussprechlich und ist ein Geheimnis. Günter Eich hat über die 100 Namen Allahs ein Hörspiel gemacht.
Pöhlmann: Kannst du einige der 99 Namen Gottes nennen?
Razvi: In Sure 59, 22–24 heißt es: er ist „der Erbarmer, der Barmherzige, der König, der Heilige, der Friede, der Treue, der Beschützer, der Allmächtige, der Verbesserer, der Majestätische, der Schöpfer, der Bildner, der Gestalter, der Weise". Er ist außerdem „die Gerechtigkeit", „die Wahrheit", „die Liebe".
Pöhlmann: Auch nach dem Neuen Testament „ist Gott die Liebe" (1. Joh. 4, 16), die unbegreifliche Liebe, die aus Liebe zu uns Menschen ans Kreuz geht. Mit diesem Liebestod Gottes steht und fällt der christliche Glaube.
Razvi: Ich respektiere diesen Gedanken, aber ich teile ihn nicht, Gott gehe in Jesus, in dem er Mensch wird, ans Kreuz. Gott ist unteilbar, er ist nach christlicher Lehre „das Unzusammengesetzte" oder „Einfache" im Anschluss an neuplatonische Vorstellungen.
Pöhlmann: Augustinus nennt ihn das „bonum solum simplex", zu Deutsch „das allein einfache – d. h. unzusammengesetzte – Gut". [30]
Razvi: Wenn Gott nach christlicher Lehre unzusammengesetzt ist, wieso setzt er sich dann zusammen aus einem Gott

30 Augustinus, De civitate Dei 11, 10

und einem Menschen? Ist Gott nicht etwas Zusammengesetztes und ein Mixtum compositum, wenn Jesus wahrer Gott und wahrer Mensch ist?
Pöhlmann: Beide sind nicht zusammengesetzt, sie fallen zusammen. Jesus ist wahrer Gott und wahrer Mensch *zugleich*. Das sind sicher unzulängliche Begriffe, die wie alle Begriffe hinter dem Geheimnis Gottes zurückbleiben, das sich dem Zugriff aller Begriffe entzieht. Mir missfällt die kalte Meisterschaft, mit der unsere Theologie Gott immer wieder mit Begriffen in den Griff bekommen will. Man kann Gott nicht begreifen, ohne von ihm vorher ergriffen worden zu sein. Und auch dann hat man nur 2 % von ihm begriffen. Der Rest bleibt Geheimnis. Mystiker sagen, man kann eigentlich nur *mit* Gott reden, nicht *über* Gott reden.
Razvi: Wir Moslems denken genauso und für uns steht und fällt die Religion mit dem Gebet.
Pöhlmann: Hier seid ihr für mich als Christ ein großes Vorbild. In unserer Kirche wird viel zu viel geredet und viel zu wenig gebetet. Können Moslems und Christen miteinander beten?
Razvi: Ja und Nein. *Ja*, wenn in so einem Gebet jeder auf seine Weise betet und der Andersgläubige jeweils zuhört und versucht, das Gehörte nachzuvollziehen. Wenn also in so einem Gebet der Christ auf seine Weise betet, ebenso der Moslem auf seine Weise und jeder seine Identität wahrt und ein Synkretismus[31] vermieden wird, der einen interreligiösen Einheitsbrei fabriziert. *Nein*, wenn gemeinsame Gebete verfasst und gesprochen werden, die das Unterscheidende verschweigen und auslassen.
Pöhlmann: Das wäre eine interreligiöse Schummelei.
Razvi: Das wäre keine echte Gemeinsamkeit sondern eine vorgetäuschte.
Pöhlmann: Ich stimme dir zu. Auch ich kann nur die erste Form des interreligiösen Gebetes bejahen, wo *ich* als Christ

31 Religionsvermischung

zum dreieinigen Gott bete und der Moslem zu Allah und niemand anders beten muss, als er auch sonst in seinem Leben betet. Jeder betet auf seine Weise zu dem selben Gott. Wir machen so ein Gebet der Religionen seit 1986 in Osnabrück. Buddhisten, Juden, Christen, Moslems und Bahá'is beten reihum, jeder auf seine Weise. Die anderen hören zu, ein gemeinsam gesprochenes Gebet wird vermieden. Die Gemeinsamkeiten sind freilich sehr groß durch gemeinsame Gebetsanliegen, wie das Gebet für den Frieden, für die Hungernden, für die Armen, für die Unterdrückten, für Kranke, Sterbende und Verstorbene etc. Dabei werden nicht nur vorformulierte sondern auch freie und spontane Gebete gesprochen. Es entsteht ein tiefes Zusammengehörigkeitsgefühl, das die Teilnehmer zusammenschweißt. Nach den Gebeten umarmen wir uns oder geben uns die Hand.
Razvi: Die Frage bleibt, wie können wir in unserer Zeit Zeugnis für den einen Gott ablegen? Wir leben in einer säkularen Welt, die mit Gott nichts anfangen kann und oft nicht einmal mehr das Wort Gott versteht.
Pöhlmann: Ich denke, wir müssen versuchen, mit Bonhoeffer „weltlich von Gott" zu reden [32] und weltliche Worte für Gott finden wie Schicksal, Ziel und Sinn des Lebens, letzter Friede, letzte Gerechtigkeit, letzte Freiheit, letztes Glück, das, was mein Herz schneller schlagen lässt,
Razvi: die Vorsehung, das Unverfügbare in unserem Leben ist Gott, das Unverzichtbare ist Gott. Ohne Gott wäre unser Leben ohne Sinn, wenn er der letzte Sinn ist, das Leben würde zusammensacken, wenn er nicht das letzte Ziel ist, auf das wir ausgespannt sind.
Pöhlmann: Er ist sicher letztlich ein Geheimnis und immer wenn wir auf das Geheimnis in unserem Leben stoßen, begegnen wir Gott [33]
Razvi: dem Unaussprechlichen.

32 D. Bonhoeffer, Widerstand und Ergebung 1951 S. 180
33 K. Rahner, Schriften zur Theologie IX 1970 S. 167

3. Was ist der Mensch?

Pöhlmann: Was ist der Mensch, Ebenbild Gottes oder Sklave Gottes? Der Mensch ist nach dem Islam Sklave Gottes. Koran Sure 19, 93 lesen wir: „Keiner in den Himmeln und auf Erden darf sich dem Erbarmer anders nahen als als Sklave“.

Razvi: Sklave ist nicht die adäquate Übersetzung, Knecht ist die bessere Übersetzung. Abad heißt im Arabischen Knecht wie das hebräische Ebed. Der Mensch ist im Islam nicht Sklave Gottes, sondern Knecht Gottes.

Pöhlmann: Ich sehe da keinen großen Unterschied.

Razvi: Der Mensch ist Knecht Gottes. Das heißt, er gehört Gott, Gott verfügt über ihn. Er gehört Gott, nicht sich selbst. Gott verfügt über ihn. Er verfügt nicht über sich selbst.

Pöhlmann: Nach christlicher Lehre ist der Mensch kein Knecht Gottes sondern ein Kind Gottes (Röm. 8, 14 f.) und Freund Gottes (Joh. 15, 15; Jak. 2, 23). Er war ein Knecht der Sünde, von der ihn Christus befreit hat (Joh. 8, 34 ff.).

Razvi: Knecht Gottes zu sein, ist nichts Negatives sondern etwas Positives. Wenn ich Gottes Knecht bin, bin ich kein Knecht mehr eines Menschen, wenn ich Gottes Knecht bin, bin ich frei von jeder anderen Knechtschaft. Wer Gott fürchtet, braucht keine Menschen mehr zu fürchten. Wer an Gott glaubt, kann der ganzen Welt trotzen.

Pöhlmann: Der Mensch ist wie ein Zwerg auf den Schultern eines Riesen.

Razvi: Der Islam denkt groß vom Menschen, nicht klein. Nach Koran Sure 2, 30 ist der Mensch nichts weniger als „Statthalter“ Gottes auf Erden, arabisch „chalifa“, Kalif. Mit dieser Funktion ist die Herrschaft des Menschen über die Natur gemeint, seine Weltverwaltung. Sure 31, 20 heißt es: „Sehet ihr nicht, dass euch Allah alles in den Himmeln und auf Erden dienstbar gemacht hat und über euch seine Gnade ausgegossen hat …?“ Der Mensch hat nach dem Islam einen hohen Rang und Wert, freilich nur potentiell.

Aktuell ist er oft unwissend, dumm, ungerecht und Sünder. Es gibt also Menschen, die nicht Statthalter Gottes sind.
Pöhlmann: Auch nach der Bibel ist der Mensch Statthalter Gottes auf Erden und beauftragt, die Natur zu beherrschen (1. Mose 1, 26 u. 28; Ps. 8, 7 ff.) und zu bewahren (1. Mose 2, 15), was er freilich oft nicht tut. Wichtig ist uns, dass *alle* Menschen den Auftrag haben, die Welt zu beherrschen, nicht nur einzelne, dass also alle gleich sind. Hier liegen die Wurzeln der Demokratie. Alle herrschen, keiner wird beherrscht. Der Mensch ist nicht Objekt sondern Subjekt der Weltherrschaft.
Razvi: Ich teile diese Meinung. Alle Menschen sind gleich und gleich wichtig. Jede Hierarchie oder Diktatur ist von daher ausgeschlossen, in der sich die Menschen einem Menschen unterwerfen müssen.
Pöhlmann: Aber heißt „Islam“ nicht „Unterwerfung“? [34]
Razvi: Das Wort Islam bedeutet so viel wie Ergebung, Hingabe, Heilung. Die Wurzel des arabischen Wortes Islam ist Salam, hebräisch Schalom, zu Deutsch Heil, Friede, Harmonie, Erfüllung der göttlichen Gebote. Der Knecht Gottes ist der heile Mensch, der sich ganz Gott ergibt und der ganz Gott gehört.
Pöhlmann: Jesus ist deshalb wohl nach dem Koran der „Knecht Gottes“ (Sure 4, 172).
Razvi: Ja, er ist deshalb Knecht Gottes, weil jeder Mensch Knecht Gottes werden soll nach Christi Vorbild.
Pöhlmann: Auch die Frauen?
Razvi: Auch sie sind Knecht Gottes oder Magd Gottes. Maria ist als Magd Gottes Vorbild für alle Frauen. Gott hat sie auserwählt unter allen Frauen (Sure 3, 42). Sie ist für uns Moslems ewige Jungfrau (Sure 3, 47; 19, 20 f.), weil sie für uns ein Sinnbild der Weisheit und Vernunft ist. Maria wurde schon im Leib ihrer Mutter von Gott gesegnet und unbefleckt empfangen nach islamischer Lehre. Wir lehrten die

34 so Tieles Kompendium der Religionsgeschichte, umgearbeitet von N. Söderblom 1912 S. 217

Unbefleckte Empfängnis Mariens schon lange vor dem katholischen Dogma der Unbefleckten Empfängnis[35] 1854. Gott hat sie befreit von der Sünde vor ihrer Geburt. Durch die Verehrung Mariens will der Islam die Frau ehren, die in ihm keineswegs abgewertet wird, wie ein christliches Vorurteil meint.

Pöhlmann: Wir Protestanten glauben auch an die Jungfrauengeburt Mariens[36], aber nicht an ihre unbefleckte Empfängnis im Leib ihrer Mutter, die unbiblisch ist. Maria war nicht frei von Sünde und sie wurde durch Christus von ihrer Sünde erlöst wie alle Menschen.[37] Christus hat nach dem Neuen Testament durch seinen Sühnetod am Kreuz alle Menschen von der Sklaverei der Sünde befreit (Mk. 10, 45; 14, 24; Röm. 3, 24 f.), wenn sie das glauben.

Razvi: Wenn Gott gnädig ist, warum braucht er dann den Sühnetod Christi? Warum dieser Umweg?

Pöhlmann: Sicher hätte uns Gott auf mühelosere Weise erlösen können durch ein bloßes Wort der Vergebung. Aber Gott hat es sich etwas kosten lassen, uns zu erlösen (1. Petr. 1, 18 f.). So viel sind wir ihm wert. Er geht diesen Umweg der Liebe.

Razvi: Aber sind nicht solche archaische Sühnevorstellungen vorchristlich?

Pöhlmann: Es ist nicht so, dass Gott nur vergibt, wenn er Blut sieht, als handle es sich hier um einen archaischen Exzess eines Rache- und Willkürgottes, der ja im Widerspruch stünde zum Gott der Liebe der Bibel (1. Joh. 4, 8; Jer. 31, 3). Sicher geht das Neue Testament beim Sühnetod Christi von einer archaischen Sühnevorstellung aus, aber doch, um sie ad absurdum zu führen. Denn letztlich wird

---

35 Papst Pius IX hat 1854 das Dogma von der Unbefleckten Empfängnis Mariens in der Bulle „Ineffabilis Deus" 1854 erlassen. Denzinger-Schönmetzer 2800–2804

36 Unser Glaube. Die Bekenntnisschriften der ev.-luth. Kirche (5. Aufl. 2004) 1, 2, 9, 278, 369, 502, 503, 738

37 so Thomas von Aquin, der die Unbefleckte Empfängnis Mariens ablehnte. Summa theologiae 3 q 27 a 2

am Kreuz nicht *Gott* ein Opfer dargebracht, sondern Gott opfert *sich selbst*, in seinem Sohn, mit dem er identisch ist. Der gekreuzigte Gott nimmt selber das Gericht auf sich, das wir Menschen verdient haben, wenn wir das glauben. Gott geht für mich in den Tod, sosehr liebt er mich.

Razvi: Wenn ihr Christen glaubt, dass Jesus euch erlöst hat, brauchen wir darüber nicht zu streiten. Wir lassen euch diese Meinung, aber wir teilen sie nicht. Ihr Christen habt vergessen, dass auch wir Moslems an Christus glauben, freilich nicht an ihn als den Erlöser, aber doch an ihn als den Gesandten und Propheten Gottes (Sure 61, 6). Jesus vergibt uns nicht. Gott vergibt uns. Jesus erlöst uns nicht. Gott erlöst uns. Jesus gibt uns nicht die Vergebung, aber er bereitet die Vergebung vor.

Pöhlmann: Ich sehe, es gibt verschiedene Wege der Erlösung. Keiner von uns hat die ganze Wahrheit (1. Kor. 13, 9 f.; Joh. 16, 13), jeder nur Bruchstücke von der Wahrheit (1. Kor. 13, 9). Die ganze Wahrheit gehört zu den letzten Dingen, die erst am Ende der Tage offenbar werden (1. Kor. 13, 10 ff.). Wir sind alle unterwegs zur Wahrheit. Doch scheint es zumindest einen Konsens zwischen uns zu geben, dass der Mensch aus der Gnade Gottes lebt, dass der Mensch nur Mensch ist, wenn er aus der Gnade Gottes lebt, nicht einfach nur, weil er Vernunft und freien Willen hat oder wie immer man heute den Menschen definiert.

Razvi: Alles ist Gnade.

Pöhlmann: Ist der Mensch aber nicht nach dem Islam eine Marionette des Schicksals? Viele meinen, der Islam sei eine fatalistische Religion.[38] Allah scheint ein Schicksalsgott zu sein, der uns keinen freien Willen lässt, wenn wir im Koran folgende Sätze lesen: „Wen Allah will, den leitet er irre, und wen er will, den führt er auf den rechten Pfad“ (Sure 6, 39). „Er verzeiht, wem er will, und straft, wen er will“ (Sure

---

38 so J. Gnilka, Bibel und Koran. 4. Aufl. 2004 S 140, E. Bock, Die Mystik in den Religionen der Welt 1993 S. 268 und bei A. von Scheliha, Der Islam im Kontext der christlichen Religion 2004 S. 19, 29

3, 129), „Ihr könnt nicht wollen, es sei denn, dass Allah will“ (Sure 76, 30), „Allah tut, was er will“ (Sure 22, 14 u. 18). „Den Ungläubigen ists gleich, ob du sie warnst oder nicht warnst, sie glauben nicht. Versiegelt hat Allah ihre Herzen und Ohren und über ihren Augen ist eine Hülle und für sie ist eine schwere Pein bestimmt“ (Sure 2, 6 f.). Ist der Moslem nicht ein Fatalist, der sich blind dem unbegreiflichen Willen Gottes unterwirft?

Razvi: Es gibt Moslems, die Fatalisten sind. Ich gehöre nicht zu ihnen. Der Mensch hat einen freien Willen, sosehr es eine göttliche Prädestination [39] gibt.

Pöhlmann: Ist es nicht so: der Willige wird vom Schicksal geführt, der Störrische wird von ihm geschleift?

Razvi: Allah übt keinen Zwang aus, sosehr er alles vorherbestimmt. Gibt es nicht auch nach eurer Bibel eine Prädestination, sogar eine doppelte Prädestination zum Heil und Unheil, zur Seligkeit und zur Verdammnis? Calvin, der sie gelehrt hat, hat sich auf die Bibel berufen. [40]

Pöhlmann: Die Bibel kennt keine von Ewigkeit her beschlossene Verwerfung, wie sie Calvin lehrt, auch nicht im Prädestinationskapitel des Römerbriefs Kapitel 9. Nirgendwo im Römerbrief Kap. 9, auch nicht in den Versen 13 bis 18 und 21 ist von einer von Ewigkeit her beschlossenen oder ewigen Verwerfung die Rede. [41] Es gibt hier, wenn überhaupt, dann nur eine Verwerfung oder Verstockung auf

---

39 Vorherbestimmung

40 Institutio Christianae religionis III, XXI

41 wie folgt die genannten Verse im Wortlaut: [Gott sagt:] „Jakob habe ich geliebt, aber Esau gehasst. Was sollen wir also sagen? Handelt Gott ungerecht? Auf keinen Fall! Sagt er doch zu Mose: Wem ich gnädig bin, dem bin ich gnädig; und wessen ich mich erbarme, dessen erbarme ich mich. Also liegt es nicht an jemandes Wollen oder Laufen, sondern an Gottes Erbarmen. Denn die Schrift sagt zum Pharao: Eben dazu habe ich dich erweckt, damit ich an dir meine Macht erweise … Also erbarmt er sich, wessen er will und er verstockt, wen er will“. (Röm. 9, 13–18) „Hat nicht ein Töpfer Macht über den Ton, aus dem selben Klumpen ein ansehnliches Gefäß und ein unansehnliches Gefäß zu machen“. (Röm. 9, 21)

Zeit, nicht für immer und ewig. Außerdem muss dieses Kapitel 9 im Kontext der Kapitel 10 und 11 des Römerbriefes gedeutet werden. Nach Römer 10, 17 ff. ist die Verwerfung und Verstockung des Einzelnen dessen eigene Schuld, weil er nicht glaubt.[42] Nach Röm. 11, 32 ist die Verwerfung und Verstockung nicht Gottes letztes sondern Gottes vorletztes Wort, wenn es hier heißt: „Gott hat alle eingeschlossen in den Ungehorsam, damit er sich aller erbarme". Im Timotheusbrief steht: „[Gott] will, dass alle Menschen gerettet werden". (1. Tim. 2, 4) Die Bibel kennt keine letztgültige und unabänderliche Verwerfung. Die Prädestination ist keine doppelte zum Heil und Unheil, sondern nur eine Prädestination zum Heil. (Eph. 1, 4 f.; Röm. 8, 28) Der Mensch hat aber den freien Willen, das Heil anzunehmen oder abzulehnen. Das klingt alles reichlich paradox. Aber die Prädestination zum Heil ist für meinen persönlichen Glauben sehr wichtig, weil ich ohne sie keine Heilsgewissheit hätte.

Razvi: Im Islam gibt es keine Heilsgewissheit, wenn auch eine Heilshoffnung.

Pöhlmann: Was heißt Prädestination nach islamischer Lehre?

Razvi: Die Prädestinationslehre hat ihre Wurzeln im altsumerischen Glauben Babyloniens, der alle semitischen Religionen beeinflusst hat, auch den Islam. Nach der islamischen Prädestinationslehre hat Gott alles vorherbestimmt, das Heil und das Unheil. Trotzdem behält der Mensch seinen freien Willen und es wird ihm weder das Heil noch das Unheil aufgezwungen. In Sure 2, 256 steht das Grundprinzip des Islam: „Es gibt keinen Zwang in der Religion", besser übersetzt „Es gibt keinen Zwang im Glauben". Die Freiheit des Menschen bleibt, das Heil anzunehmen. Doch wenn es nach Allah ginge, müssten alle selig werden nach Sure 5, 48. „Wenn Allah es wollte, wahrlich er machte euch zu einer einzigen Gemeinde". Die Rechtleitung aller wäre sein sehn-

42 E. Dinkler, Prädestination bei Paulus. In: Signum Crucis 1967 S. 254 f.

lichster Wunsch. Doch der Mensch ist seines eigenen Schicksals Schmied. Die Gnade Gottes ist keine zwingende Gnade sondern eine fragende Gnade. Gott liebt alle. Aber Liebe ist nie erzwingbar. Mit dem Jawort der Liebe steht und fällt die Liebe zwischen Mensch und Gott sowie zwischen Mensch und Mensch. Eine erzwungene Liebe ist ein hölzernes Eisen – hier wie dort. Gott würde nie vom Menschen etwas verlangen, was er selber nicht ist. Er könnte dem Menschen nie die Freiheit wegnehmen, weil er selber frei ist. Gottes Liebe ist frei. Die Liebe des Menschen, die Gottes Liebe annimmt, ist frei.

Pöhlmann: Der Mensch kann sich aber nicht selbst befreien von der Sünde. Er kann sich nur von ihr befreien lassen. Die Sünde ist ein Gefängnis, wo ich nur von außen, nicht von innen befreit werden kann. Wir Christen nennen das Erbsünde.

Razvi: Lassen wir mal diesen unglücklichen Begriff weg, dann zeichnet sich zwischen uns ein Konsens ab in der These: Gott hat die Freiheit, uns zu befreien. Der Mensch hat nicht die Freiheit, sich zu befreien, aber er hat die Freiheit, sich befreien zu lassen. Der Mensch kann sich nicht selbst erlösen. Nur Gott kann ihn erlösen. Der Mensch kann sich nicht selbst vergeben. Nur Gott kann ihm vergeben.

Pöhlmann: Genau das ist der Sinn der Prädestination, dass der Mensch sich nicht selbst erlösen kann und dass nur Gott ihn erlösen kann, dass alles Gnade ist.

Razvi: Der Koran schließt in Sure 4, 49 jede Selbsterlösung aus: „Hast du nicht auf die geschaut, die sich selbst für rein erklären? Nein. Allah erklärt für rein, wen Er will …"

Pöhlmann: Islamisches wie christliches Menschenbild stimmen darin überein, dass der Mensch erlösungsbedürftig ist, dass er Sünder ist und sich aus diesem Sünderdasein nicht selbst erlösen kann. Trotz alledem bleibt er Gottes Ebenbild, sosehr das Bild oft nur noch aus einem Rahmen besteht, wie es scheint. Der Mensch ist nach der Bibel Ebenbild Gottes (1. Mose 1, 26 f.; 5, 1; 9, 6), nicht aber nach dem

Koran. Ebenbild Gottes zu sein, macht seine „Würde“ aus. (Ps. 8, 6) Warum erwähnt der Koran nirgendwo die Gottebenbildlichkeit des Menschen?

Razvi: Im Unterschied zum Christentum sind nach dem Islam nicht alle Menschen Ebenbild Gottes sondern nur einige Menschen, nur die Erleuchteten, die die höchste Stufe der Entwicklung erreicht haben. Wir haben aus dem antiken Neuplatonismus die Vorstellung von einer Entwicklung der Menschheit von unten nach oben übernommen. Auf der obersten Stufe stehen die Propheten und Gesandten Gottes sowie die Heiligen. Sie sind Ebenbild Gottes, nicht wir Gläubigen und auch nicht die Ungläubigen. Wir haben noch nicht unsere dunklen Seiten abgelegt, auch nicht wir Gläubigen. Wie sagt der Dichter Georg Büchner? „Jeder Mensch ist ein Abgrund, es schwindelt einem, wenn man hinabsieht“. Da bleibt wirklich oft vom Bild nur noch der Bilderrahmen übrig. Nach islamischer Lehre sind wir erst dann Ebenbild Gottes geworden, wenn wir alle 99 Namen Gottes verwirklichen.

Pöhlmann: Wir sagen in unserer christlichen Tradition, der Mensch ist gerecht und doch Sünder und er steht immer wieder in Gefahr, in die Sünde zurückzufallen, auch wenn er von ihr befreit ist. „Der Mensch“ ist ein „Däumling zwischen Brandung und Düne“ (Botho Strauß), nicht mehr und nicht weniger.

4. Abraham als gemeinsamer Vater?

Pöhlmann: Der Islam ist nach dem Koran die „Religion Abrahams“ (Sure 4, 125; 16, 123; 22, 78). Aber auch das Judentum und Christentum leiten sich von Abraham her als ihren Vater. Ist Abraham nicht eine „verbindende Klammer“ zwischen den drei Religionen? (J. Gnilka) [43]
Razvi: Ja und nein. Ja, weil sich alle drei Religionen auf Abraham berufen. Nein, weil er doch im Judentum und Christentum eine nebensächliche Rolle spielt und Mose im Judentum viel wichtiger ist, ebenso wie Jesus im Christentum. Selbst im Islam, der „Religion Abrahams“, hat Abraham bedauerlicherweise an Bedeutung verloren, weil die Mehrheit der Moslems Nichtaraber sind, [44] die nicht von Abraham und Ismael abstammen wie die Araber. Es ist daher problematisch, von den drei abrahamischen Religionen zu reden. Der Monotheismus, der Ein-Gott-Glaube, ist eine bessere Einheitsklammer zwischen den drei Religionen als ihre Berufung auf Abraham.
Pöhlmann: Sie können sich zumindest alle drei auf Abraham einigen, auf Jesus könnten sie sich nicht einigen, eigentlich auch nicht auf Mose, dem das Neue Testament so kritisch gegenüber steht.
Razvi: Sie könnten sich aber genauso gut auf Noah einigen.
Pöhlmann: V. Küster meint sogar, es sei falsch, von einer „abrahamitischen Ökumene“ zu sprechen, denn jede der drei abrahamischen Religionen – Judentum, Christentum und Islam – würden Abraham für sich allein reklamieren und jede dieser drei verstünde sich als Erbe der dem Abra-

43 J. Gnilka, Bibel und Koran. 4. Aufl. 2005 S.121
44 die Moslems in Indonesien, Malaysia, Indien, Bangladesch, Pakistan, Afghanistan, Iran, Türkei, Schwarzafrika

ham gegebenen Verheißungen. Abraham trennt mehr als dass er eint.[45] (vgl. Sure 3, 67)
Razvi: Abraham eint und trennt. Er eint sie, weil sie sich alle auf Abraham berufen. Er trennt sie aber auch, weil sie Abraham ganz verschieden deuten.
Pöhlmann: Für uns Christen ist Abraham der Vater des Glaubens (Röm. 4, 11),
Razvi: für uns Moslems ist er kein Vater des Glaubens. Kein Mensch ist Vater, nur Gott,
Pöhlmann: für uns Christen ist Abraham der Vater des Glaubens (Röm. 4, 11). Heißt es doch in der Abrahamserzählung des Alten Testaments von ihm, der kinderlos war: „[Gott] führte ihn hinaus ins Freie und sprach: Blicke zum Himmel und zähle die Sterne; kannst du sie zählen? … So zahlreich sollen deine Nachkommen sein. Abraham glaubte dem Herrn und der Herr rechnete ihm das als Gerechtigkeit an“ (1. Mose 15, 5 f.). Der Glaube an die Verheißung machte ihn gerecht vor Gott, nicht Werke. Mit Paulus sehen wir Christen in Abraham den Prototyp der Rechtfertigung allein aus Glauben, nicht durch Werke (Röm. 4).
Razvi: Wir nicht. Es gibt keinen Glauben ohne Werke,
Pöhlmann: aber die Werke sind Folge, nicht Voraussetzung unserer Rechtfertigung. Wenn unser Heil von unseren Werken abhängig wäre, müssten wir verzweifeln,
Razvi: es gibt keinen Glauben ohne Werke nach dem Jakobusbrief des Neuen Testaments, in dem Abraham als der Prototyp der Rechtfertigung durch Werke gilt (Jak. 2, 21 f.). Nach diesem Jakobusbrief „ist der Glaube ohne Werke tot“ (Jak. 2, 26). Der Glaube ist ohne Werke unglaubwürdig. Aufs Tun kommt’s an. Damit steht und fällt unser Glaube. Was will die Bergpredigt Jesu anderes sagen? (Mt. 5–7) Der Islam ist eine Religion der Tat.

---

45 V. Küster, Verwandtschaft verpflichtet. Erwägungen zum Projekt einer „Abrahamitischen Ökumene“. In: Evangelische Theologie Jg. 62, 2002, H. 5, S. 384 ff.

Pöhlmann: Glauben heißt Gott vertrauen, auf Gott setzen, sich an Gott halten und an ihn allein, sich Gott ausliefern. Hierin ist Abraham ein Vorbild; das zeigt auch der Anfang der Abrahamserzählung, die für den jüdischen Theologen Martin Buber eine Schlüsselrolle in ihr hat. Auf Befehl Gottes zog Abraham mit 75 Jahren weg von Haran durch die Wüste nach Kanaan und gab Land, Haus und Familie auf (1. Mose 12, 1–4) – ein absurdes Unterfangen wie auch der Glaube Abrahams, ein gealtertes Ehepaar könne noch einen Sohn und Nachkommen bekommen. Der Glaube gibt alle Sicherheiten auf und er wagt es ins Ungewisse, allein auf Gott geworfen. Er ist immer ein Weg durch die Wüste ins Gelobte Land, damals und heute. Nach Bubers Deutung dieser „Hidschra[46] Abrahams“ von Haran nach Kanaan[47] heißt „Glaube“ immer „Trennung“. Wir sind wie Abraham auf seinem Weg ins Ungewisse „Nomaden des Glaubens“, der immer unterwegs ist.[48]

Razvi: Glaube heißt Unterwegssein, nicht Stehen-und-Steckenbleiben.

Pöhlmann: Jesus sagte, „Werdet Vorübergehende“ (Thomasevangelium 42), „Wer seine Hand an den Pflug legt und sieht zurück, der taugt nicht für das Reich Gottes“ (Lk. 9, 62).

Razvi: Unser ganzes Leben ist eine Hidschra.

Pöhlmann: Wenn der Islam sich im Koran als die „Religion Abrahams“ ausgibt, versteht er sich dann nicht als eine vorjüdische und vorchristliche Religion und als die älteste Religion, älter als das Judentum und Christentum und als die ursprüngliche und Urreligion?

Razvi: Ja, aber die Urreligion ist älter und stammt von Adam und Noah, die nach dem Islam die ersten Propheten sind. Alle Religionen, die monotheistisch[49] sind, sind Urre-

46 Die Flucht Mohammeds von Mekka nach Medina 622

47 M. Buber, Der Glaube des Propheten 1950 S. 54

48 M. Buber, a. a. O. S. 57

49 Monotheismus = Glaube an einen einzigen Gott

ligionen, daher die Toleranz des Islam gegenüber den Schriftreligionen Judentum und Christentum, die monotheistisch sind. Aber auch die anderen Religionen glaubten ursprünglich an den Monotheismus,

Pöhlmann: wie etwa der Hinduismus, der sich letztlich als monotheistische Religion versteht.[50] Nach B. Kälin gibt es einen Urmonotheismus in allen Religionen. Der Polytheismus[51] ist eine spätere Zerfallsepoche in ihnen.[52]

Razvi: Nach Koran Sure 7, 172 fragte Gott die präexistenten Seelen, die er am Anfang schuf: „Bin ich nicht euer Herr?“ und sie antworteten: „Jawohl, wir bezeugen es“. Den Monotheismus gibt es also schon seit der Entstehung des Menschen.

Pöhlmann: Abraham hat nach dem Koran diesen Monotheismus wiederhergestellt im Kampf gegen den Polytheismus seines Vaters Terach (Sure 6, 74 ff.; 9, 114).

Razvi: Im Unterschied zur Bibel hat Abraham nach dem Koran den Monotheismus wiederhergestellt. Die Bibel erwähnt diese reformatorische Tat Abrahams nicht.

Pöhlmann: Wird deshalb Abraham im Koran als „Imam“, als „Vorbeter“ bezeichnet? Gott sagt in Sure 2, 124: „Siehe, ich mache dich zum Imam für die Menschen“.

Razvi: „Imam“ bedeutet mehr als „Vorbeter“. Imam bedeutet „Vorbild“, „Bewahrer der gemeinsamen Traditionen“, „Oberhaupt“. Die semitischen Stämme anerkannten keine Könige, keine Monarchie und keine Oligarchie. Sie bestanden aus Stämmen mit einem Stammesoberhaupt, das große charakterliche Qualitäten aufweisen musste. Abraham sollte also nach Gottes Willen ein „Vorbild für die Menschen“ sein. Er sollte ihr geistliches „Oberhaupt“, ihr „Traditionsbewahrer“ werden, nicht nur ihr „Vorbeter“. Vorbeter kann im Islam jeder Moslem sein. Jeder Moslem kann in der

---

50 Nachweis: H. G. Pöhlmann, Begegnungen mit dem Hinduismus 1996 S. 53 ff.

51 Glaube an viele Götter

52 B. Kälin, Lehrbuch der Philosophie I 5. Aufl. 1957 S. 394

Moschee das Gebet leiten und predigen und alle religiösen Ämter innehaben.

Pöhlmann: Der Islam ist also eine Laienreligion wie das Judentum und das protestantische Christentum. Wie der Imam im Islam ist der Pastor ja im Protestantismus nur ein Laie mit Sonderauftrag – ganz im Unterschied zum hierarchisch organisierten Katholizismus mit seinen Rängen. Jeder ist im Protestantismus gleichrangig wie im Islam. Unter dem einen Herrn sind alle gleich. Wir reden von der herrschaftsfreien Gemeinde der Gleichen,

Razvi: die wir Moslems auch bejahen.

Pöhlmann: Abraham ist wohl auch deshalb der „Traditionshüter", weil er nach dem Koran mit Ismael die Kaaba in Mekka gebaut hat (Sure 2, 127; vgl. auch Sure 3, 97).

Razvi: Er hat die Kaaba nicht gebaut sondern wiederhergestellt. Sie ist ein vorabrahamisches Heiligtum.

Pöhlmann: Jeder Moslem ist ja verpflichtet, dieses Wallfahrtsheiligtum einmal im Leben zu besuchen. Hast du diese Wallfahrt, diesen Hadsch zur Kaaba schon gemacht?

Razvi: Ja. Sie war ein unvergessener Einschnitt in meinem Leben und sie ist ein Bindeglied zwischen den Moslems der ganzen Welt.

Pöhlmann: Was geschieht eigentlich in diesem Hadsch in Mekka?

Razvi: Er ist ein Bekenntnis zu dem einen einzigen Gott. Der Jüngste Tag, das Gericht und die Auferstehung werden dort erlebt. Die Wallfahrt besteht aus unablässigen Gebeten. Wir umgehen dabei 7mal die Kaaba, wodurch die 7 Schöpfungstage nachvollzogen werden. Ziel der Wallfahrt ist, wenn wir an ihrem Abschluss von Mittag bis zum Sonnenuntergang in der Ebene von Arafat „vor dem Antlitz Gottes stehen", beten und meditieren.

Pöhlmann: Ihr Moslems macht diese Wallfahrt, weil ihr durch Abraham erwählt seid.

Razvi: Nicht nur wir, alle Nachkommen Abrahams sind erwählt (1. Mose 17, 4 ff.), insbesondere die Juden. Sie haben nach dem Koran einen Sonderstatus, wenn Gott zu ihnen sagt: „O ihr Kinder Israel, gedenket meiner Gnade, die ich euch erwiesen habe, und dass ich euch vor aller Welt bevorzugt habe“ (Sure 2, 47). Ficht euch Christen das nicht an?

Pöhlmann: Nein. Die Juden haben auch für uns Christen einen Sonderstatus, weil sie unsere Mutterreligion sind, weil sie, um mit Paulus zu reden, unsere Wurzel und unser Baum sind, an dem wir nur Zweige sind (Röm. 11, 16 ff.). Die Äste sind durch den Baum, an dem sie wachsen, erwählt.

Aber sind durch den Noahbund nicht alle Menschen erwählt (1. Mose 9), nicht nur die Juden, Christen und Moslems?

Razvi: Der Noahbund mit allen Menschen wird von uns bejaht (Sure 11, 48). Alle Menschen beteten ursprünglich den einen Gott an, wie ich schon sagte. Der Polytheismus und Götzendienst kam später. Alle Menschen sind so gleich und „der edelste“ ist der „gottesfürchtigste“ (Sure 49, 13). Es gibt keinen anderen Adel außer diesem.

Pöhlmann: Um die Gottesfurcht (1. Mose 22, 12) geht es auch in dem dunkelsten Kapitel der Abrahamserzählung, wo Gott Abraham befiehlt, seinen Sohn Isaak zu opfern, um seinen Gehorsam zu testen (1. Mose 22),

Razvi: nach islamischer Deutung war das Ismael, nicht Isaak,

Pöhlmann: wie auch immer, Gott befiehlt Abraham, seinen Sohn zu töten und als Schlachtopfer Gott darzubringen. Im Unterschied zur biblischen Fassung, nach der sein Sohn nicht wusste, was mit ihm geschehen soll, willigt er nach der koranischen Fassung in diesen Opfertod ein (Sure 37, 102). Er ist sein Selbstopfer.[53] Hat dieses Selbstopfer etwas mit den Selbstopfern der islamischen Terroristen zu tun?

Razvi: Nein, und zwar aus folgenden Gründen: Selbstmord ist eine Todsünde, die absichtliche Tötung eines unschuldigen Menschen ist ebenso eine Todsünde.

---

53 J. Gnilka, Bibel und Koran S. 130

Pöhlmann: Ist diese Opferung des Sohnes Abrahams nicht etwas Grauenhaftes? Mein Innerstes lehnt sich auf gegen diese Geschichte 1. Mose 22. Ich kann nur dem Philosophen L. Kolakowski zustimmen, wenn er schreibt: „Abraham soll den Sohn auf Befehl Gottes opfern. Aber woher nimmt er die Gewissheit, dass es ein Befehl Gottes ist und nicht eine Versuchung des Teufels, eine Täuschung oder Wahnsinn?“ [54] Gott kann doch nicht einen Mord befehlen, der nach seinen eigenen Geboten eine schwere Sünde ist – und noch dazu den Mord am eigenen Kind.

Razvi: Ich teile deine Meinung. Die Tötung des eigenen Kindes ist im Islam eine Todsünde (Koran Sure 17, 31). Gott kann so etwas nicht befehlen. Abraham dachte, dass Gott es befohlen hat. Aber er hat sich getäuscht, deswegen rettete Gott sein Kind (1. Mose 22, 12). Er war vom Teufel versucht, das zu tun, nicht von Gott. Nach dem Koran bekam Abraham nicht umsonst in einem „Traum“ (Sure 37, 102) die Weisung, seinen Sohn zu opfern. Träume sind trügerisch.

Pöhlmann: Am meisten stört mich an dieser Geschichte der blinde Gehorsam Abrahams. Glaube ist nie blinder sondern immer mündiger Gehorsam. Was blinder Gehorsam für Unheil anrichtet, wissen wir aus dem Dritten Reich und von den islamischen Terroristen.

Auch die Deutel- und Verdrehkünste der Theologen, die dieser Geschichte doch noch einen Sinn abgewinnen wollen, sind mir ein Gräuel. Gewiss, Gott ist unfasslich, aber er ist deswegen kein grausamer Moloch.

---

54 bei G. von Rad, Das Opfer des Abraham 1976 S. 81

5. Heil ohne Heilsvermittlung? [55]

Pöhlmann: Du sagtest, der Koran lehne jede Selbsterlösung des Menschen ab (Sure 4, 49; 53, 32), es gäbe im Islam keine Selbsterlösung sondern nur eine Fremderlösung. Jesus Christus ist für uns Christen der Erlöser, wer ist der Erlöser im Islam? Die Propheten, der Koran?
Razvi: Gott allein ist der Erlöser. [56]
Pöhlmann: Nach Hans-Martin Barth lehnt der Islam eine „vermittelte Erlösung" ab. Die Erlösung geschieht unvermittelt. [57] Es gibt keinen Mittler im Islam.
Razvi: So ist es. Mittler kann man nur sein zwischen gleichen Partnern. Gott und Mensch sind keine gleichen Partner. Zwischen Gott und Mensch gibt es folglich keinen Mittler. Gott ist sein eigener Mittler.
Pöhlmann: Für uns Christen ist Jesus Christus der Mittler zwischen Gott und Mensch (1. Tim. 2, 5), in dem Gott Mensch wird und mit uns auf gleich wird. Er ist der Mittler des neuen Bundes zwischen Gott und den Menschen (Gal. 3, 19 f.; Hebr. 8, 6; 9, 15; 12, 24).
Razvi: Für uns Moslems gibt es keinen neuen Bund sondern nur den alten Bund.
Pöhlmann: Eure Religion ist daher im Unterschied zum Christentum keine geschichtliche sondern eine übergeschichtliche Religion. Erlösung ist kein eschatologisches [58] Ereignis sondern die Wiederherstellung der Schöpfung. [59] Im Christentum überbietet die Erlösung die Schöpfung und

---

55 H.-M. Barth, Dogmatik 2001 S. 578 ff.; A. Schimmel, Die Zeichen Gottes 1995 S. 121 ff.; J. Gnilka, Bibel und Koran 2004 S. 91 ff.; A. Renz, Die „Zeichen Gottes" (āyāt Allāh) in: Theol. Zeitschrift Jg. 61 2005 H. 3 S. 239–257; H. G. Pöhlmann, Abriss der Dogmatik 6. Aufl. 2002 S.221 ff.; 300 ff.

56 anders J. Gnilka, Bibel und Koran, S. 91 ff. , der dem Islam Selbsterlösung unterstellt

57 H.-M. Barth, a. a. O. S. 556

58 endzeitliches, erneuerndes

59 H. Zirker, Christentum und Islam 1989 S. 64 ff.

stellt sie nicht nur wieder her. Christus sagt: „Siehe, ich mache alles neu". (Offbg. 21, 3)

Razvi: Nach dem Islam wird die Schöpfung wieder so wie sie war.

Pöhlmann: Es gibt keinen Mittler im Islam, aber es gibt doch Vermittler.

Razvi: Die Propheten sind Vermittler, nicht Mittler – Mittler ist Gott alleine. Sie sind Vermittler der Botschaft Gottes und Fürbitter bei Gott. Jesus ist für uns auch nur so ein Prophet, d.h. Vermittler der Botschaft Gottes und Fürbitter bei Gott, ebenso wie Jesu Mutter Maria für uns eine Fürbitterin ist.

Pöhlmann: Sind nicht alle Seligen im Himmel Fürbitter?

Razvi: Ja

Pöhlmann: und können nicht auch wir auf Erden Fürbitte einlegen?

Razvi: Ja, vor allem unsere Mütter. Prototyp ist hier die Mutter Marias, die für Maria gebetet hat. (Koran Sure 3, 35 ff.)

Pöhlmann: Propheten haben im Islam eine viel größere Bedeutung als im Christentum. Wie viele Propheten gibt es im Islam?

Razvi: Nach islamischer Überlieferung 124 000. Wichtige Propheten sind Adam, Noah, Abraham, Isaak, Ismael, Jakob, Josef, Mose, Aaron, Johannes der Täufer, Jesus, Mohammed – um nur einige zu nennen.

Pöhlmann: Jesus ist auch nach dem christlichen Glauben ein Prophet, der endzeitliche Prophet (Mk. 6, 4. 15; 8, 28; Joh. 6, 14)), der die Wende bringt.

Razvi: Worin besteht der Unterschied zwischen einem jüdischen und einem christlichen Propheten?

Pöhlmann: Ich sehe da keinen Unterschied, außer dass für uns Christen Jesus der letzte Prophet ist,[60] nicht Esra und Nehemia wie im Judentum.

---

60 H. Zirker, a.a.O. S. 77; nach H. Küng könnten aber die Christen auch Mohammed als Prophet anerkennen: H. Küng, J. van Ess u.a., Christentum und Weltreligionen 1984 S.198

Gibt es einen Unterschied zwischen dem islamischen Propheten und dem christlich-jüdischen Propheten?

Razvi: Der christlich-jüdische Prophet spricht von einem anbrechenden eschatologischen[61] Ereignis. Im Islam hat der Prophet vier Funktionen: 1. das Wort Gottes zu vermitteln, 2. Unverständliche oder schwer verständliche Teile des Wortes Gottes zu erklären und auszulegen, 3. Weisheit zu lehren, 4. den Menschen zu läutern und zu erleuchten. Im Islam hat der Prophet also eine noch viel weitere Funktion als im Judentum und Christentum. Er beantwortet die Fragen des Menschen, er gibt auf sie Antwort durch das Wort Gottes. Ein Prophet ist das lebendige Wort Gottes im Unterschied zum verschrifteten Wort Gottes. Er ist das primäre Wort Gottes, die Schrift ist das sekundäre Wort Gottes. Unser Glaubensbekenntnis besteht 1. aus dem Glauben an den einen Gott und 2. aus dem Glauben an den Propheten unserer Zeit.

Pöhlmann: Wer ist der Prophet der heutigen Zeit?

Razvi: Mohammed.

Pöhlmann: Auch im Christentum ist das mündliche Wort Gottes primär, das schriftliche Wort Gottes sekundär. Die Bibel war zuerst mündliches Wort Gottes.[62]

Razvi: Welche Funktionen hat der Prophet in der Bibel?

Pöhlmann: In unserem Sprachgebrauch ist der Prophet ein Mensch, der die Zukunft voraussagt. Die Wesensfunktion des biblischen Propheten besteht aber nicht in der Voraussicht der Zukunft. Er ist ein Mensch, den Gott zu seinem Sprecher gemacht hat, ganz ähnlich wie im Islam. Das geschieht durch eine „Berufung“ durch Gott und einen „Offenbarungsempfang“.[63] Wichtige Kriterien des biblischen Propheten sind die, dass er sich quer stellt, dass er dafür leiden muss und einsam ist.

---

61 endzeitliches

62 Näheres hierzu H. G. Pöhlmann, Abriss der Dogmatik 6. Aufl. 2002 S. 62 f.; 76 f.

63 G. von Rad, Theologie des Alten Testaments II 1960 S. 62 ff.

Der Islam kennt keine Mittler, Gott ist sein eigener Mittler, sagtest du. Ist der Mensch folglich im Islam „unmittelbar zu Gott“ – wie J. van Ess behauptete?[64]

Razvi: Der Mensch ist unmittelbar zu Gott, weil ein Mittler zwischen Gott und Mensch, der sich zwischen Gott und Mensch schiebt, entfällt. Er würde das Gottesverhältnis stören.

Pöhlmann: Jesus schiebt sich nicht dazwischen zwischen Gott und Mensch, weil in Jesus Gott selber begegnet, um Mensch und unser Mitmensch zu werden. In Jesus wird also die Gottunmittelbarkeit hergestellt, aber nicht verhindert. Er ist kein Dritter zwischen Gott und Mensch sondern Gott selber. Auch wir Christen sagen, der Mensch ist unmittelbar zu Gott. Dass ich unmittelbar zu Gott bin, war ein Grundanliegen der Reformation. Niemand kann sich zwischen mich und Gott dazwischen schieben, kein Papst, kein Bischof, kein Pastor, keine Kirche, keine Maria, kein Heiliger.

Razvi: Aber auch ihr Christen habt doch das Problem, dass Gott der Heilige und Unnahbare ist, dass Gott Gott ist und nicht ein Mensch, dass der Abstand zwischen Gott und Mensch unüberbrückbar ist.

Pöhlmann: Durch Jesus wird dieser unüberbrückbare Abstand zwischen Gott und Mensch überbrückt.

Razvi: Jeder Mensch, der die Heiligkeit Gottes annähernd erreicht, überbrückt diese Kluft zwischen Mensch und Gott – freilich nicht als Mittler, aber als Vermittler, als Beweis und Zeichen, dass eine Verbindung zwischen Gott und Mensch möglich ist. Solche Heilige, die die Heiligkeit Gottes erreichen und so eine Verbindung zwischen Gott und Mensch vermitteln, sind die Propheten, dann kommen die Wahrhaftigen, dann die Zeugen, dann die Gerechten (Sure 4, 69), dann die Erwählten, dann die Gläubigen, dann die, die sich Gott hingeben und ergeben, die Muslime, die das Glaubensbekenntnis des Islam sprechen, aber deren

64 H. Küng, J. van Ess u.a., Christentum und Weltreligionen 1984 S. 130

Herz den Glauben noch nicht erreicht hat, und die aber durch ihr Beispiel den Menschen helfen können.
Pöhlmann: Im Islam geht der Weg von unten nach oben, im Christentum geht der Weg von oben nach unten. Hier steigt der Mensch zu Gott empor, dort steigt Gott zum Menschen hinab (Kondeszendenz).
Razvi: Beides geschieht im Islam: der Mensch kommt zu Gott, Gott kommt zum Menschen. Der Koran redet von der „Gegenwart" Gottes, der „Sakina", die Gott in die Herzen der Gläubigen hinabgesandt hat (Sure 48, 4) – die jüdische Schechina.
Sprechen wir nochmals über die Heiligen, die ja auch ihr Protestanten verehrt,[65] nicht nur die Katholiken. Die Jungfrau Maria ist nach Christus die höchste Heilige im Islam. Wie siehst du als Protestant ihre heilsspendende Funktion?
Pöhlmann: Sie ist keine „Mittlerin"[66] der Gnaden wie im Katholizismus, denn Christus ist der einzige Mittler der Gnaden,[67] aber sie ist Fürsprecherin[68] und „der höchsten Ehren Würdigste".[69]
Razvi: Auch für uns ist sie Fürsprecherin, genauso wie Fatima, die Tochter Mohammeds, und auch Eva, sowie unsere eigene Mutter.
Du sagtest, Christus ist der Mittler zwischen Gott und den Menschen. Aber wie kann er das sein, wenn nach eurer Zweinaturenlehre zwischen dem historischen Menschen Jesus und der göttlichen Person Christi eine unüberbrückbare Kluft aufgerissen ist. Wenn ihr seine menschliche Natur von seiner göttlichen Natur so schroff abtrennt, macht ihr dann nicht aus *einem* Christus zwei Christusse?
Pöhlmann: Du spielst auf die Zweinaturenlehre des Konzils von Chalzedon 451 an. Aber nach diesem Konzil hat

65 Apologie Art. 21 Nr. 4 ff.; Unser Glaube 272
66 Lumen Gentium 1964 Nr. 62
67 Apologie Art. 21, 14 ff.
68 Apologie Art. 21, Nr. 27
69 Apologie Art. 21 Nr. 27

Christus „eine einzige Person“, in der seine beiden Naturen „unvermischt“ und „ungetrennt“ vereinigt sind.[70]

Razvi: Ich danke für diese Klärung des Problems, sosehr ich sie nicht übernehmen kann.[71] Ein viel gravierenderer Dissens besteht in eurer Lehre von der stellvertretenden Erlösung.[72] Gott ist der einzige Erlöser, eine stellvertretende Erlösung durch Christus ist daher unnötig und überflüssig. Kein Mensch kann die Schuld eines anderen übernehmen. Jeder ist für sich selbst verantwortlich. Im Koran Sure 39, 7 lesen wir: „Keine Last tragende (Seele) trägt die Last der anderen“.

Pöhlmann: Deine Argumentation besticht. Doch das Christentum steht und fällt mit der Stellvertretung, diesem abgründigen Mysterium, das keine Vernunftgründe ausloten können: Gott nimmt selber unser Leid und unsere Schuld auf sich am Kreuz, aus Liebe zu uns. Er tauscht mit uns. In Jesus Christus, in dem Gott Mensch wird, was der Islam nie und nimmer akzeptieren kann. (Koran Sure 5, 17, 72) E. Przywara beschreibt diesen Tausch Gottes sehr schön mit den Sätzen: „Gott der Allmächtige, der in Christo Ohnmacht ist; Gott der Allweise, der in Christo Narrheit ist; Gott der Allheilige, der in Christo Aussatz der Sünde ist; Gott der Allselige, der in Christo Fluch der Gottverlorenheit ist; Gott die Allfülle, die in Christo das Nichts und Leer und Umsonst ist … Gott die Glorie, die in Christo Schande ist“.[73] (vgl. 2. Kor. 8, 9!)

Razvi: Ich halte es lieber mit dem Gott der Glorie und mit einer theologia gloriae[74] statt mit dieser theologia crucis[75], sosehr sie mir Respekt abnötigt. Gott verzeiht uns ohne diesen Sühnetod. Er braucht keinen Sühnetod, um uns zu ver-

---

70 H. Denzinger A. Schönmetzer 302

71 nach dem Islam ist Jesus Christus kein Gott sondern nur ein Mensch. Koran Sure 5, 17, 72

72 H. Zirker, Islam 1993 S. 103

73 E. Przywara, Was ist Gott? 2. Aufl. 1953 S. 49

74 Theologie der Glorie

75 Theologie des Kreuzes

zeihen. Dieser Umweg ist unnötig. Auch der Umweg über die Menschwerdung Gottes in Jesus Christus. Gott wird nie ein Mensch. Gott ist Gott. Wir sprachen schon darüber. Hier klafft ein Abgrund.

Pöhlmann: Wir Christen unterscheiden in unserer Heilslehre den Heilsmittler von den Heilsmitteln (media salutis),[76] – Wort und Sakrament. Gibt es etwas Vergleichbares im Islam?

Razvi: Das Heilsmittel ist der Glaube, der Glaube an den einen Gott und der Glaube an die prophetische Sendung Mohammeds. Das Heilsmittel ist der Glaube, alles andere sind nur Glaubenshilfen wie das Gebet, das Fasten am Ramadan, die Spenden, die Reinigungen und Waschungen, die Beschneidung, zu der übrigens kein Moslem verpflichtet ist.

Pöhlmann: Ist der Koran ein Sakrament?

Razvi: Nein. Der Koran ist kein Sakrament, aber er ist ein Heilsmittel. Nach der Sure 41, 44 des Koran ist der Koran „eine Rechtleitung und eine Heilung".

Pöhlmann: Es wird oft im Koran von „Zeichen" geredet, Zeichen Gottes in der Welt. Sind diese Zeichen nicht eine Art Sakrament? Definieren wir Christen doch das Sakrament als sichtbares Zeichen einer unsichtbaren Gnade.

Razvi: Mit diesen „Zeichen" sind keine Sakramente gemeint. Das Sakrament ist etwas spezifisch Christliches. Wir Moslems kennen keine Sakramente. Gott ist ungreifbar und wir können ihn nicht in Sakramenten greifen. Wir kennen nur Zeichen, keine Sakramente, Zeichen, die über sich hinaus weisen. Ein Zeichen zeigt ja nicht auf sich sondern über sich hinaus, denken wir an das Verkehrszeichen. Diese Zeichen Gottes verweisen auf Gott, nicht auf sich selbst.

Pöhlmann: Der Himmel spiegelt sich in der Pfütze.

Razvi: Die Welt ist voll solcher Zeichen Gottes.

Pöhlmann: Nenn doch mal solche Zeichen.

76 H. G. Pöhlmann, Abriss der Dogmatik 6. Aufl. 2002 S. 300 ff.

Razvi: Das Gebet ist so ein Zeichen.
Pöhlmann: Nach Sure 30, 22 „gehört die Schöpfung zu Seinen Zeichen“, sowie „die Verschiedenheit“ der „Sprachen und Arten“.
Razvi: Meine zweijährige Enkelin ist ein Zeichen Gottes.
Pöhlmann: Die Ordnung der Sternenwelt und die Gesetze, nach denen sich die Schöpfung reguliert, sind alles Zeichen, die über sich hinaus weisen auf einen planenden Geist.
Razvi: Zeichen Gottes in dieser Welt sind für mich vor allem die Religionen, ihre Liturgien und ihre Theologie. Sie sind Zeichen Gottes, in denen ich Gott erlebe, Wirkung des Hl. Geistes, der Gegenwart Gottes, der Sakina. Der Hl. Geist macht die Welt schön, weil ich durch ihn in ihr auf Schritt und Tritt Zeichen Gottes entdecke.
Worin besteht für dich der Hl. Geist?
Pöhlmann: Er ist die Intensivform der Gottesbegegnung. Gott ist uns in seinem Hl. Geist so nahe, dass er mit unserem Ich tauscht (Röm. 8, 26). Ein anderes Merkmal des Hl. Geistes, auf das vor allem M. Welker hinwies,[77] ist das Spontane, Unerwartete, Unberechenbare und Ungeplante (Apg. 2, 2; 16, 6–7). Der Hl. Geist ist der unkalkulierbare Gott, der mir im Unerwarteten begegnet und alle meine Pläne immer wieder über den Haufen wirft.[78]
Razvi: Der Hl. Geist ist auch für mich der unerwartete Gott, der Gott, der meine Routinen unterbricht und den ich in den Umbrüchen meines Lebens erfahre. Er lässt mich aber vor allem die Zeichen Gottes in der Welt erkennen, wie ich schon sagte, sodass ich die Welt mit ganz neuen Augen sehe, die Sakramente Gottes in der Welt, wie ihr sagt.
Wie viele Sakramente gibt es?

---

77 M. Welker, Gottes Geist. Theologie des Heiligen Geistes 2. Aufl. 1993 S. 101

78 ein Überblick über die neueren Konzeptionen des Hl. Geistes: H. G. Pöhlmann, Heiliger Geist – Gottesgeist, Zeitgeist oder Weltgeist? 1998

Pöhlmann: Unzählige, vor allem aber zwei: Taufe und Abendmahl.[79] Gibt es im Islam nicht Vergleichbares zu Taufe und Abendmahl?
Razvi: Nein. Denn ein moslemisches Kind wird nicht in Sünden geboren, daher ist keine Taufe nötig.
Pöhlmann: Was ist mit den Reinigungswaschungen vor dem Gebet?
Razvi: Sie sind sakrale Handlungen, aber kein Sakrament, das von Sünden reinigt. Sie sind eine Vorbereitung für das Gebet, kein Sakrament. Ebenso wenig ist das Fastenbrechen nach dem Ramadan ein Abendmahl, das von Sünden reinigt, wenn auch eine sakrale Handlung, die Menschen untereinander und mit Gott verbindet.
Pöhlmann: Gibt es für den Moslem so etwas wie eine Kirche? Ist die Umma nicht eine kirchenähnliche Institution?
Razvi: Die Umma, die Gemeinschaft der Muslime, ist keine Kirche, die das Heil vermittelt, und keine Heilsanstalt wie diese. Sie ist ein Ideal, keine Wirklichkeit. Die Umma ist die unterste Stufe der Gemeinschaft. Über ihr gibt es höhere Stufen. Die höchste ist die Gemeinschaft der Heiligen. Die Umma ist kein Heilsmittler. Ich muss hier nochmals wiederholen, was ich am Anfang sagte: Gott ist der einzige Mittler des Heils, es gibt keine anderen Mittler, etwa Menschen. Der Mensch kann sich das Heil nicht selber schenken, nur Gott kann es ihm schenken.
Pöhlmann: Hier kann ich nur zustimmen.
Razvi: Wenn Gott alleine das Heil bewirkt, macht mich das aber nicht faul. Schon aus Dankbarkeit, dass er das Heil schafft, werde ich Gutes tun. Er allein schenkt das Heil, aber auch ich muss etwas tun.
Pöhlmann: Wir blühen aus eigenen Zweigen, aber aus der Erde eines anderen.
Razvi: Oft blüht nichts. „An ihren Früchten sollt ihr sie erkennen", sagt Jesus (Mt. 7, 20). Dabei sind die Moslems

---

79 vgl. Apologie Art. 13

nicht die besseren Menschen. Ein Christ und sogar ein Hindu kann ein besserer Mensch sein als ein Moslem. Der Islam ist *eine* Offenbarungsreligion, aber nicht die einzige Offenbarungsreligion. Alle Religionen sind Offenbarungsreligionen.

Pöhlmann: Ich teile deine Meinung. Nach dem Neuen Testament offenbart sich Gott nicht nur in der Kirche sondern auch in der Schöpfung (Röm. 1, 19 f.). Er offenbart sich nach der Bibel nicht nur den Juden und Christen sondern allen Menschen (Apg. 14, 17; 17, 23–28; Ps. 19, 2–5; 1. Mose 9, 1–17).

6. Jesus, der letzte oder vorletzte Prophet[80]?

Pöhlmann: Im Koran wird Jesus oder „Isa" auffallend oft erwähnt. Das ist erstaunlich. Manche fragen, ob der Islam denn noch eine nichtchristliche Religion sei und nicht vielmehr eine christliche Konfession, wenn in ihm Jesus so ein axialer Rang zukommt. Der Kirchenvater Johannes Damascenus († 750) sah daher im Islam eine christliche Häresie[81], keine eigene Religion.

Razvi: Das ist eine interessante Frage: Ist der Islam eine christliche Konfession oder eine eigene Religion? Genauso interessant wie die Frage: Ist das Christentum eine jüdische Konfession oder eine eigene Religion? Beides gilt: Der Islam ist aus dem Christentum hervorgegangen und er ist doch eine eigene Religion. Zu vieles unterscheidet ihn vom Christentum, wie der Glaube an Christus, den von den Juden erwarteten Messias aus dem Stamme Davids, der uns befreit, erlöst und das Heil bringt. In einem anderen Gespräch habe ich schon betont, dass nach dem Islam nicht Jesus uns erlöst hat sondern Gott allein, nicht Jesus uns das Heil gebracht hat sondern Gott allein. Jesus ist für uns nur der Verkünder der Erlösung und des Heils, nicht der Erlöser und das Heil. Er ist für uns nur ein Prophet der Erlösung und des Heils, nicht Erlöser und Heil. Jesus ist nach dem Koran der vorletzte Prophet (Sure 61, 6). Mohammed hingegen gilt als der letzte Prophet, der die Reihe der vor im lebenden Propheten abschließt als das „Siegel der Propheten". (Sure 33, 40) Für euch Christen ist das Jesus. Er ist für euch der letzte Pro-

80 J. van Ess in H. Küng, J. van Ess u. a. , Christentum und Weltreligionen. 1984 S. 158 ff; J. Gnilka, Bibel und Koran 4. Aufl. 2005 S. 102 ff.; H. G. Pöhlmann, Abriss der Dogmatik. 6. Aufl. S. 221 ff.

81 G. C. Anawati, Die Botschaft des Koran und die biblische Offenbarung. In: A. Paus (Hg.), Jesus Christus und die Religionen. 1980 S. 115

phet. Mohammed wird nicht als Prophet anerkannt, wenn das auch H. Küng forderte.[82]
Wie wichtig ist für den Christen die Tatsache, dass Jesus ein Prophet war?
Pöhlmann: Dieser Jesustitel ist im Christentum in Vergessenheit geraten. Der Islam erinnert uns wieder an diesen vergessenen Jesustitel. Die neutestamentliche Urgemeinde drückte noch mit ihm ihren Glauben aus. Im heutigen Christentum spielt er keine Rolle. Der Jesustitel „Prophet", dem im Koran so ein Gewicht zukommt (Sure 4, 157. 171; 5, 75; 61, 6),[83] steht nach O. Cullmann im Zentrum des Neuen Testaments.[84] Die Menschen, denen Jesus begegnete, sahen in ihm vor allem den endzeitlichen Propheten (Mk. 6, 4. 15; 8, 28; Joh. 6, 14), der die Wende bringt. Er ist sicher für uns Christen der letzte, nicht der vorletzte Prophet wie im Islam, wo Mohammed als der letzte Prophet gilt. Er ist der entscheidende Prophet, der Künder des angebrochenen Reiches Gottes. Von ihm hängt Heil und Unheil ab.
Razvi: Ist dieser Prophetentitel Jesu in unserer Gesellschaft aktuell, die ja nicht nach dem Heil sondern nach dem Wohl fragt?
Pöhlmann: Nach Gerhard von Rad ist das „unbequeme Dreinreden" die Hauptfunktion des Propheten.[85] Jesus redet uns unbequem drein. Jesus ist kein Mann milchiger Milde, zu dem wir ihn im Zuge der Verbürgerlichung des Christentums verfälscht haben. Er ist ein Prophet, der sich uns querstellt. Die neutestamentliche Forschung hat Recht, wenn sie an Jesus das Ärgerliche, Anstößige und Unbequeme für echt

82 H. Küng, J. van Ess u. a., Christentum und Weltreligionen. 1984 S. 59, 173, 198
83 U. Schaefer, Glaubenswelt Islam. 1996 S. 50
84 O. Cullmann, Die Christologie des Neuen Testaments. 2. Aufl. 1958 S. 29 ff.; vgl. Ferd. Hahn, Christologische Hoheitstitel. 1963 S. 381 ff.
85 G. von Rad, Theologie des Alten Testamentes. II 1960 S. 24 ff.

hält.[86] Jesus war nicht harmlos, wie es der verbraucherfreundliche Jesus in unserem religiösen Marktangebot weithin ist. Er war ein unbequemer Prophet und er ist es bis heute. Seine Bergpredigt (Mt. 5–7) stellt die gesellschaftlichen Wertvorstellungen unserer Zeit auf den Kopf, nach denen der Wert des Menschen sich danach bemisst, ob er Erfolg hat, sich durchzusetzen vermag und es zu etwas bringt. Sicher, Christus ist im Neuen Testament nicht nur ein Prophet sondern mehr als ein Prophet, „mehr als Jona" (Mt. 12, 41). Er ist nicht nur der Künder der Erlösung sondern der Erlöser.
Warum legt der Islam so einen gesteigerten Wert darauf, dass Jesus ein Prophet war?
Razvi: Deshalb, weil Jesus der letzte Prophet nach Israel war und weil er die Sendung des Mose und die Thora zu Ende führte, weil er die Sendung des Mose und die Thora erfüllte. Nach Koran Sure 61, 6 sagt Jesus: „O Kinder Israels, ich bin der Prophet an euch, um zu bestätigen, was von der Thora vor mir vorhanden war …"
Pöhlmann: Auch das Neue Testament sagt von Jesus, er sei nicht gekommen, „das Gesetz oder die Propheten aufzulösen … sondern zu erfüllen". (Mt. 5, 17)
Razvi: Jesus führt die Aufgabe des Mose fort und führt sie zur Vollendung, indem er die Thora übernimmt und vollendet. Daher stammt er nach islamischem Glauben nicht aus dem Stamme Davids, sondern aus dem Stamme Levi wie Mose und Aaron, aus dem Stamme der Kohanim, der Priester. Jesus hat nichts zu schaffen mit der jüdischen und christlichen Erwartung eines Messias aus dem Stamme Davids. Unser Christus ist kein Messias wie David sondern ein Prophet wie Mose (5. Mose 18, 15) – das ist ein gravierender Unterschied.

---

86 so J. Gnilka, Jesus von Nazareth. 1990 S. 30 f.; Kl. Berger, Wer war Jesus wirklich? 1995 S. 18; Jürgen Becker, Jesus von Nazareth. 1996 S. 350 f.

Pöhlmann: Doch auch nach dem Neuen Testament ist Christus der Prophet wie Mose aus 5. Mose 18, 15 (Apg. 3, 22; 7, 37).
Razvi: Ich zitiere den Wortlaut von 5. Mose 18, 15, wo Mose zu den Israeliten sagt: „Eine Propheten wie mich wird dir der Herr, dein Gott, erwecken aus dir und aus deinen Brüdern; dem sollt ihr gehorchen". Wir Moslems deuten diesen Text so: Mit dem Propheten „aus dir" ist Jesus gemeint, mit dem Propheten „aus deinen Brüdern" ist Mohammed gemeint. Jesus und Mohammed vollenden das Werk des Mose, auf den beide Religionen zurückzuführen sind, das Christentum und der Islam.
Pöhlmann: Du sagtest, Jesus sei im Islam kein Messias wie David sondern ein Prophet wie Mose. Wird er nicht im Koran als „Messias" bezeichnet (Sure 4, 157. 171 f.; 5, 75) – worauf vor allem H. M. Barth hingewiesen hat? [87]
Razvi: Ja, er ist Messias nach dem Koran, aber kein Messias aus dem Stamm Davids sondern ein Messias aus dem Stamme Levi, kein Messiaskönig, ein Messiasprophet, ein Prophet als Messias und ein Messias als Prophet ähnlich wie Mose, ein Vertreter der Menschheit vor Gott, ein Sprecher der Menschen vor Gott, ein Schlüssel zum Himmel. Welche Funktion hat der Messias im Christentum?
Pöhlmann: Christus ist nach dem Glauben der neutestamentlichen Gemeinde ein Messias aus dem Stamme Davids (Röm. 1, 3; Mt. 1, 6) und er wird daher von ihr als „Davidssohn" bezeichnet (Mk. 12, 35). Er ist ein König. Das hebräische Wort Messias heißt soviel wie Gesalbter; ins Griechische übersetzt lautet es Christus. Der Gesalbte ist im Judentum der König (1. Sam. 9, 16). Die Juden erwarteten einen Messiaskönig, der sie von ihren Unterdrückern befreit und ein Friedensreich aufrichtet (Ps. 2; Jes. 9, 1 ff.; 11, 1 ff.). Jesus selbst stand dem Messiastitel zurückhaltend gegen-

87 H. M. Barth, Dogmatik. 2001 S. 395

über, weil er im Judentum eine politische Bedeutung hatte. [88] Die nachösterliche Urgemeinde hat in Jesus den Messias gesehen, freilich keinen politischen sondern den leidenden Messias, der „gewaltlos" ist und „auf einem Esel reitet" (Mt. 21, 5 mit Sach. 9, 9). Jesus wird im Neuen Testament über 500mal „Christus" = „Messias" genannt. Der Messias- oder Christustitel setzte sich gegen alle anderen Titel, die man Jesus beilegte, durch, verblasste aber bald zum bloßen Eigennamen. In Antiochia nannte man die Anhänger des Christus zum ersten Mal „Christen", was soviel bedeutete wie Messiasleute, Königsleute (Apg. 11, 26). Der Messias ist im Christentum – ganz im Unterschied zum Islam – ein König, kein Prophet. Er ist der Befreier, der den Frieden bringt, jetzt und einst, wenn er wieder kommt. Der Islam erwartet keinen Messias in der Zukunft wie das Christentum und Judentum. Er kommt nicht, er ist schon gekommen in Jesus und in allen anderen Propheten.

Ein anderer wichtiger Titel Jesu im Koran ist der Titel „Knecht Gottes" (Sure 4, 172). Jesus will nach dem Koran „nichts als ein Knecht" sein (Sure 43, 59). Der islamische Theologe M. S. Abdullah meint: „Die Christologie des Islam ist eine Knecht-Gottes-Christologie". [89] Christus will nicht hoch hinaus. Er ist ein demütiger Knecht Gottes.

Razvi: Knecht Gottes ist im Koran ein Hoheitstitel und Ehrentitel, kein Niedrigkeitstitel. Jesus ist nach dem Koran nicht am Kreuz gestorben sondern er wurde in den Himmel entrückt: „Sie haben ihn … nicht getötet und nicht gekreuzigt … , sondern Gott hat ihn zu sich erhoben. Gott ist mächtig …", lesen wir in Sure 4, 157 f. Der Islam sieht in Jesus den Sieger, nicht den Verlierer. Wir lehren eine Sieger-

88 O. Cullmann, Christologie des Neuen Testaments. 2. Aufl. 1958 S. 117, 126, 134

89 in: H. G. Pöhlmann, Allahu akbar. In: Zeichen der Zeit. H. 1/2000 S. 24

christologie, keine Verliererchristologie, eine theologia gloriae [90], nicht eine theologia crucis [91] wie das Christentum. Welche Rolle spielt der Knecht-Gottes-Titel in der christlichen Christologie?

Pöhlmann: Jesus ist im Neuen Testament der Knecht Gottes aus Jesaja 53 (Mt. 8, 16 f.; Apg. 3, 13; 1. Petr. 2, 24), [92] was wir vergessen haben. Der Islam bringt das wieder neu in Erinnerung. Anders als im Islam ist Jesus freilich der Knecht Gottes, der mit uns tauscht: Er, der „Herr“ wird „Knecht“ (Phil. 2, 11 und 7), damit wir aus Knechten zu Herren werden, er nimmt „die Strafe“ auf sich, die wir verdient haben für unsere Sünden, damit wir „Frieden“ haben, er übernimmt unsere „Wunden“, damit wir „geheilt“ sind (Jes. 53, 5; 1. Petr. 2, 24), er wird an unserer Stelle krank, damit wir gesund werden (Jes. 53, 4; Mt. 8, 16). Er verliert, damit wir gewinnen. Er wird arm, damit wir reich werden (2. Kor. 8, 9). Der Gottesknecht, der für uns ans Kreuz geht (Jes. 53, 12; Mk. 14, 24; 15, 28) trennt uns. Die Menschwerdung Gottes am Kreuz ist für den Islam ein Ärgernis. Sein Gott ist ein siegender Gott, kein leidender Gott.

Razvi: Wir Moslems verstehen nicht, warum für euch Christen der leidende Christus einen so hohen Stellenwert hat.

Pöhlmann: Es gibt nichts Tieferes in der Religionsgeschichte als ein Gott, der aus Liebe zu mir in den Tod geht, der aus Liebe zu mir ans Kreuz geht, der aus Liebe zu mir mit mir tauscht und das Gericht, das ich verdient habe, stellvertretend auf sich nimmt. Nur dieser Gott überzeugt mich und ich wäre kein Christ, wenn es nicht so wäre. Dieser Liebestod ist es allein, der mich an diesem Gott überzeugt. Deshalb und nur deshalb bin ich ein Christ, kein Moslem

---

90 Theologie der Glorie

91 Theologie des Kreuzes

92 O. Cullmann, Die Christologie des Neuen Testaments. 2. Aufl. 1958 S. 59 ff.; H. W. Wolff, Jesaja 53 im Urchristentum. 1949

oder Hindu oder Buddhist. Ich respektiere deinen anderen Weg zu Gott. Aber ich kann nur diesen meinen Weg gehen.
Razvi: Mir geht es umgekehrt genauso. Ich respektiere deinen Weg, kann ihn aber nicht gehen. Wir gehen verschiedene Wege zu dem selben Gott. Ja, wir glauben an die selbe Liebe Gottes, wenn wir sie auch auf verschiedene Weise erfahren.
Wir sprachen von Jesus, dem „Knecht Gottes". Sollten wir eigentlich nicht alle Knechte Gottes sein und ihm dienen? Das ist kein singulärer Titel Jesu (1. Chr. 6, 34; Esra 5, 11).
Pöhlmann: Gewiss. Aber Jesus ist doch in einzigartiger Weise Knecht Gottes.
Ein weiteres, oft übersehenes Prädikat Christi im Koran ist das: er ist Geist Gottes, „Geist von ihm" – so Sure 4, 171.
Razvi: Geist Gottes ist jeder Prophet und jeder Imam, nicht nur Jesus. Er ist der Typus der Gottesmänner, die wir Propheten nennen, wenn er auch einer der wichtigsten fünf Propheten ist.
Pöhlmann: Das sind
Razvi: Noah, Abraham, Mose, Jesus, Mohammed.
Pöhlmann: P. Schwarzenau meinte, dieser Titel Jesu Geist Gottes sei doch exklusiv zu verstehen. Jesus sei im Koran „aus dem Geist (Gottes) gezeugt", nicht nur ein „Träger des Geistes Gottes" wie viele. Wird er doch in ihm mit dem Geist Gottes identifiziert. (Sure 4, 171) und lesen wir doch in Sure 19 von Gott und Maria: „Da sandten Wir unseren Geist zu ihr, der erschien ihr als ein … Mann … Er sprach: Ich bin doch der Gesandte von deinem Herrn, um dir einen reinen Knaben zu schenken. Sie sprach: Wie soll ich einen Knaben bekommen, da mich kein Mann berührt hat und ich keine Hure bin? Er sprach: So! Dein Herr hat gesagt: Es ist Mir ein Leichtes! … Und sie empfing ihn und zog sich mit ihm zurück an einen entfernten Ort" (19, 17b–22).[93] Ähnlich heißt es im apostolischen Glaubensbekenntnis von Jesus

93 P. Schwarzenau, Korankunde für Christen . 2. Aufl. 1990 S. 96 u. 95

„empfangen vom Hl. Geist". Eine christologische Gemeinsamkeit?

Razvi: Alle Geschöpfe werden aus dem Geist Gottes gezeugt, nicht nur Jesus wie im Christentum.

Pöhlmann: P. Schwarzenau macht noch auf eine andere christologische Gemeinsamkeit aufmerksam, die bisher übersehen wurde: Nach dem Koran (Sure 4, 171) ist Jesus „das Wort" Gottes, „der Logos Gottes", „der in Maria Mensch wird", ähnlich wie im Johannesevangelium (Joh. 1, 14). Schwarzenau verweist auf Sure 3, 45, wo Gott Maria sein „Wort verkündet", das Jesus ist.[94] Ein schlagenderer Beweis wäre der Satz aus Sure 4, 171, wo wir lesen, Gott „brachte sein Wort zu Maria hinüber" bei der Verkündigung der Geburt Jesu. Nach einem Brief Mohammeds an den Negus von Äthiopien ist Jesus das „Wort" Gottes, „das er in Maria eingab … So empfing sie Jesus, den Gott mit seinem Geist schuf …"[95] Bejaht der Islam also doch eine Art Menschwerdung Gottes in seinem Wort, das Fleisch wird – wie im Neuen Testament (Joh. 1, 14)?

Razvi: Gottes Wort wird Mensch, nicht Gott wird Mensch. Gottes Geist wird Mensch, nicht Gott wird Mensch. Gott ist Gott und kein Mensch (4. Mose 23, 19). Es klafft ein unendlich qualitativer Unterschied zwischen Gott und Mensch. Beide dürfen nicht vermischt werden. Daher wird im Koran Sure 5 die Gottheit Christi schroff zurückgewiesen: „Ungläubig sind … die, die sagen: Gott ist Christus, der Sohn Marias". (Sure 5, 17 und 72) „Siehe, wer Gott Götter beigesellt, dem hat Gott das Paradies verwehrt" (Sure 5, 72). „Ungläubig sind die, die sagen: Gott ist der Dritte von dreien, wo es doch keinen Gott gibt außer einem einzigen Gott". (Sure 5, 73)

Pöhlmann: Christus ist nicht ein zweiter Gott neben Gott, sondern der eine Gott, der Mensch wird. Es gibt nur einen einzigen Gott, nicht zwei oder gar drei nach christlicher

94 P. Schwarzenau, a. a. O. S. 104

95 M. S. Abdullah, Islam für das Gespräch mit Christen. S. 147

Lehre. In einem anderen Gespräch habe ich schon klargestellt, dass wir Christen nicht an drei Götter glauben sondern an einen einzigen Gott und nicht an drei göttliche Personen sondern an eine einzige Person Gottes, die sich in drei verschiedenen Erscheinungsweisen offenbart. Es handelt sich in der christlichen Lehre von der Dreieinigkeit nicht um drei göttliche Personen sondern um drei Begegnungsweisen der einen göttlichen Person. [96]

Razvi: Ein echter Kontroverspunkt ist die Menschwerdung Gottes.

Pöhlmann: Durch sie soll nicht der unüberbrückbare Abstand zwischen Gott und Mensch geleugnet werden sondern das Wunder umschrieben werden, dass Gott diesen unüberbrückbaren Abstand zwischen sich und dem Menschen überbrückt. Warum? Er wird ein Mensch, um unser Mitmensch und Partner zu werden, um mit uns solidarisch zu werden, um mit uns zu tauschen. Aus Liebe zu uns wird er ein Mensch wie wir. Er wird mit uns auf gleich und will es nicht besser haben.

Razvi: Der ferne Gott kommt uns nahe, aber er wird deshalb kein Mensch. Zwei Aspekte von Gott muss man im Islam immer vor Augen haben: Gott als supraontologische Realität in seiner Transzendenz und Gott als ontologische Realität in seiner Präsenz. Er ist eine supraontologische Realität, d. h. er ist kein Sein, er hat das Sein geschaffen. Er ist eine ontologische Realität, d. h. er ist unter uns. Er hat seine „Gegenwart“ (Sakina) in die „Herzen der Gläubigen“ hinabgesandt (Sure 48, 4) und ist uns näher als wir uns selbst sind, „näher“ als unsere „Halsschlagader“. (Sure 50, 16) Die supraontologische Realität ist sein Wesen. Trotz alledem wird der ganz andere Gott ganz der unsere und er benötigt dazu keinen Christus. Er ist sein eigener Mittler und braucht keinen Mittler.

96 zur Trinität und Gotteslehre im christlich-islamischen Dialog vgl. H. Stieglecker, Die Glaubenslehren des Islam. 2. Aufl. 1983 S. 268 ff., S. 272 ff.

Pöhlmann: Wie auch immer, Gott wird präsent. Wenn aber Gott präsent wird, dann verstehe ich nicht die scharfe Polemik des Koran gegen Jesus als Gottes Sohn. Im Koran Sure 9, 30 lesen wir: „Es sprechen die Nazarener: Christus ist Gottes Sohn … Sie führen ähnliche Reden wie die Ungläubigen zuvor. Gott schlag sie tot". Und Sure 112 heißt es: „Er ist der eine Gott, der ewige Gott; er zeugt nicht und wird nicht gezeugt …"
Razvi: Es ist nicht zu übersetzen: „Gott schlag sie tot" sondern „Gott entwaffne sie". Sure 112 richtet sich gegen das Konzil von Nizäa (325), das gegen Arius den Beschluss fasste, Jesus Christus ist „gezeugt nicht geschaffen, wesenseins mit dem Vater". [97] Jesus ist geschaffen, nicht gezeugt.
Pöhlmann: Die Zeugung Jesu durch Gott ist keine physische Zeugung sondern eine geistliche Zeugung, eine Zeugung durch den Hl. Geist.
Razvi: Im Konzil von Nizäa war eine physische Zeugung gemeint, wenn hier von einer Wesenseinheit des Sohnes mit dem Vater die Rede ist. Das geschah im Zuge der Hellenisierung des Christentums.
Pöhlmann: Ich deute das Nizänum anders. Eine physische Zeugung wie bei griechischen Göttern ist ausgeschlossen, nur eine geistliche ist hier gemeint.
Razvi: Jesus ist nicht der vom Hl. Geist gezeugte Sohn Gottes, sondern er ist ein Mensch, der vom Hl. Geist inspiriert wurde. Koran Sure 4, 171 steht: „Christus Jesus, der Sohn der Maria, ist der Prophet Gottes und sein Wort, das er in Maria legte und Geist von ihm …"
Pöhlmann: Ihr Moslems erinnert uns Christen daran, dass es im Neuen Testament neben einer Inkarnationschristologie (Joh. 1, 14; 20, 28; Phil. 2, 5–11) auch eine Inspirationschristologie (Mk. 1, 9–11) gibt und es genauso legitim ist, in Jesus den vom Geist Gottes inspirierten Menschen zu sehen wie den, in dem Gott Mensch wird. [98] Es gibt im Neuen Tes-

97 Denzinger-Schönmetzer 125
98 vgl. U. Link-Wieczorek, Inkarnation oder Inspiration? 1998

tament nicht nur den Jesus, der sagte: „Wer mich sieht, der sieht den Vater“ (Joh. 14, 9) sondern auch den, der „spürte, dass eine Kraft von ihm ausgegangen war“ (Mk. 5, 30). Das Neue Testament hat viele Christologien und es war nicht richtig in der Kirchengeschichte, nur eine einzige gelten zu lassen, die Inkarnationschristologie, und sie zu monopolisieren. Trotzdem sehe ich in ihr die überzeugendere Christologie.

Razvi: Lassen wir beide Christologien nebeneinander stehen.

Pöhlmann: Nach H.-J. Schoeps lebt das Judenchristentum, das von der Großkirche später ausgeschieden wurde und dann untergegangen war, im Islam weiter. Dieses nachneutestamentliche ebionitische Judenchristentum vertrat eine „adoptianische Christologie“: Christus ist nur ein Adoptivsohn Gottes durch seine Taufe und durch den Geist Gottes (Mt. 3, 16 f.). Er ist nicht der wesenhafte Sohn Gottes durch seine Geburt und Präexistenz (Lk. 1, 35; Joh. 1, 1 ff. 18). Er ist nur ein von Gott erwählter Mensch, nicht Gott. [99] Diese ebionitischen Judenchristen erblickten in Jesus Christus vor allem einen Propheten, der vom Geist Gottes inspiriert wurde. (Lk. 4, 17–28) [100] Der Islam hätte diese adoptianische Christologie des ebionitischen Judenchristentums, das in Jesus einen großen Propheten sah, von diesem übernommen, [101] ebenso wie die Ablehnung der Trinitätslehre der Großkirche. [102] Teilst du die Meinung von Schoeps?

Razvi: Nein. Der Islam ist nicht aus dem ebionitischen Judenchristentum entstanden, sondern aus der Abwehr des vorislamischen Heidentums in Mekka. Drei Probleme forderten Mohammed in seiner Gesellschaft in Mekka heraus: der heidnische Aberglaube und Götzendienst, die heidnische

---

99 H.-J. Schoeps, Theologie und Geschichte des Judenchristentums. 1998 S. 14 ff.; 71 ff.; 342

100 H.-J. Schoeps, a. a. O. S. 294, 317

101 H.-J. Schoeps, a. a. O. S. 334 ff.

102 H,-J. Schoeps, a. a. O. S. 339

Unmoral und die heidnische soziale Ungerechtigkeit. Maßstab der Beurteilung war für Mohammed die Bibel Alten und Neuen Testaments, kein ebionitisches Judenchristentum, das es in Mekka zur Zeit Mohammeds gar nicht gab.[103]

Pöhlmann: Der Koran erwähnt Jesus sehr oft, aber er schweigt über seine öffentliche Wirksamkeit, wie sie die Evangelien des Neuen Testaments schildern, die allein von 33 Wundern Jesu berichten.[104] Wir finden im Koran nur einen summarischen Hinweis auf Jesu Wunder (Sure 3, 49) sowie drei Wundergeschichten, die gar nicht in den neutestamentlichen Evangelien stehen: das Vogelwunder, dass das Jesuskind aus Ton einen Vogel formte, in ihn hinein hauchte und ihn dann fortfliegen ließ (Sure 5, 110), das Sprachenwunder, dass es als Baby schon predigte (Sure 5, 110) und das Tischwunder, dass die Jünger von Jesus einen Tisch vom Himmel herab mit Speisen erbaten, was dann geschah (Sure 5, 112–115). Warum interessiert sich Mohammed so wenig für die Wunder Jesu, von denen die neutestamentlichen Evangelien so breit berichten?

Razvi: Mohammed glaubte an keine Wunder. Es gibt für ihn nur das Wunder der Schöpfung. Deshalb war ihm das Wunderwirken Jesu unwichtig. Entscheidend an Jesus war seine Funktion, Prophet, Knecht Gottes, Wort Gottes und Geist von ihm zu sein.

Pöhlmann: Jesus entzieht sich allen Jesustiteln, auch denen, die wir Christen ihm zulegen, weil er letztlich ein Geheimnis ist – nah an der Realität und doch nicht von dieser Welt.

---

103 vgl. H. Lietzmann, Geschichte der Alten Kirche. I 1961 S. 184 ff.; S. 198

104 vgl. J. Gnilka, Bibel und Koran. 4. Aufl. 2005 S. 110

7. Was kommt nach dem Tod oder die angebliche Übereinstimmung in der Eschatologie? [105]

Pöhlmann: Gemeinhin nimmt man an, dass wir im Anfang und Ende des apostolischen Glaubensbekenntnisses übereinstimmen, wo von Glauben an Gott, von der Schöpfung und von den letzten Dingen die Rede ist, während sein großes christologisches Mittelstück uns unterscheidet. Besonders fällt die Übereinstimmung in der Eschatologie auf.
Razvi: Ja. Beide Religionen glauben in gleicher Weise an die Auferstehung der Toten, an das Jüngste Gericht und an den Himmel oder die Hölle, je nachdem, wie wir gehandelt haben.
Pöhlmann: D'accord. Aber werden Auferstehung, Gericht, Himmel und Hölle nicht doch verschieden verstanden und gedeutet? Die Bibel malt diese letzten Dinge nicht aus wie der Koran, weil man über die neue Welt Gottes nicht mit Begriffen der alten Welt reden kann – sonst wäre sie nichts Neues sondern nur eine Neuauflage des Alten. Paulus sagt von ihr nur, es wird alles „anders" sein (1. Kor. 15, 39 ff.).
Im Koran wird das Paradies ganz irdisch und sinnlich beschrieben, als wäre es ein Himmel auf Erden – Ähnliches gilt von der realistischen Höllenschilderung in ihm. Ich zitiere – um nur ein Beispiel zu bringen – Koran Sure 56, 8 ff.: „… was sind die von der rechten Seite? … Das sind die, die in die Nähe (Gottes) zugelassen werden, in den Gärten der Wonne … Auf Gold durchwobenen Polstern lehnen sie sich einander gegenüber. Unter ihnen machen immer junge Knaben die Runde mit Bechern und Krügen … und Früchten, was sie wünschen, und Fleisch von Geflügel, was sie wollen, und (darin sind) großäugige Gefährtinnen (Huri),

105 Lehre von den letzten Dingen

gleich wohlverwahrten Perlen, als Lohn für ihr Tun. Sie hören darin keine unbedachte Rede und nichts Sündhaftes … Sie sind unter dornenlosem Lotos und übereinandergereihten Bananen und weitem Schatten an strömendem Wasser und vielen Früchten … Und die von der linken Seite, sie sind im Glutwind und siedendem Wasser, in Schatten aus schwarzem Rauch … essen sollt ihr von dem Baum Zaqqum und davon die Bäuche füllen und darauf siedendes Wasser trinken …“ Nach Sure 3, 10 sind sie nicht mehr als „Brennstoff des Feuers“.

Razvi: Auch das Neue Testament malt die letzten Dinge aus, nicht nur der Koran, wenn am Jüngsten Tag die Posaune erschallt und wir in die Luft entrückt werden (1. Thess. 4, 16 ff.), wenn der Himmel als goldene Stadt mit 12 Toren, in der Gott thront (Offbg. 21) und die Hölle als „ewiges Feuer“ beschrieben wird (Mt. 25, 41).

Pöhlmann: Aber hier muss doch Bild und Sache unterschieden werden, wie wir das auch bei den Gleichnissen der Bibel tun. Sache ist beim Himmel die Gottesgemeinschaft, Sache ist bei der Hölle die Trennung von Gott (Lk. 16, 19 ff.). Nach Paulus wird bei der Auferstehung nicht der physische und materielle Leib auferstehen (1. Kor. 15, 50) sondern ein „spiritueller Leib“ (1. Kor. 15, 44) – ganz im Unterschied zum Koran (Sure 75, 1–4) und zum orthodoxen Judentum (Hes. 37), wo der biologische Leib auferstehen wird.

Razvi: Die Auferstehung ist auch im Islam spirituell, nicht physisch-materiell gemeint. Wie bei Paulus im Neuen Testament (1. Kor. 15, 44) werden wir einen spirituellen Leib haben, keinen biologischen Leib. Nach der islamischen Schule der Mutaziliten sind die koranischen Aussagen über Paradies und Hölle in Sure 56 alle metaphorisch [106] und symbolisch gemeint. Paradies und Hölle sind keine Lokalitäten sondern seelische Zustände, [107] ebenso sind Auferstehung und Gericht seelische Vorgänge, keine räumlichen

106 von Metapher = Vergleich, Bild
107 so auch M. S. Abdullah, bei H.-M. Barth, Dogmatik 2001 S.754

Mirakel. Unser Leib wird nach dem Tod zu Staub und seine Moleküle leben weiter in anderen Lebewesen.

Pöhlmann: Himmel und Hölle sind nicht nur innerseelische Befindlichkeiten sondern eine Realität, wenn auch keine materielle sondern eine spirituelle Realität. Der Himmel ist kein Raum außerhalb der Welt sondern er ist überall in der Welt, wo Gott wohnt. Himmel ist ein anderes Wort für Gottesgemeinschaft. Da Gottes Wesen die Liebe ist (1. Joh. 4, 8), besteht der Himmel in der Liebe ohne Grenze, in der Liebe, die uns Gott in Jesus Christus schenkt, in dem er sich für uns hingegeben hat. Der Himmel ist keine Illusion sondern er besteht in der Realität: Niemand kann uns aus seiner Hand reißen (Joh. 10, 28), nicht einmal der Tod. Der Himmel ist nichts anderes als die Liebe, die uns Gott erweist und die wir unseren Mitmenschen erweisen (1. Joh. 3, 14). Der Himmel besteht in der grenzenlosen Liebe, die Gott ist.

Aber setzt die Hölle nicht doch der Liebe Gottes eine Grenze? Nicht die Hölle, sondern der Mensch, der nicht in den Himmel kommen will sondern in die Hölle. Denn wie der Himmel im Leben mit Gott besteht, so ist die Hölle das Leben ohne Gott. Gott zwingt sich niemandem auf. Er respektiert die Freiheit des Menschen, mit oder ohne Gott zu leben. Gott bietet allen Menschen seine Liebe an. Wer aber Gottes Liebe nicht haben will, hat sie nicht. Liebe ist nie erzwingbar. Dies und nichts anderes ist mit dem Begriff Hölle gemeint – nicht Schwefeldunst und Bratrost.

Was ist im Islam mit Himmel und Hölle gemeint?

Razvi: Wir haben von der Gnosis und vom Neuplatonismus gelernt: Im Menschen ist ein Lichtfunke Gottes, der sich immer weiter vom Licht Gottes entfernt, immer tiefer absinkt und immer dunkler wird, bis er schließlich in die absolute Finsternis abtaucht. Doch er sehnt sich zurück nach dem göttlichen Licht und kehrt zu ihm zurück. Das Licht wird immer heller, bis es sich wieder mit seinem Ursprung eint. Das geschieht stufenweise, wie die Abwärtsbewegung.

Der Wiederaufstieg zu Gott ist Gottes Gnade, nicht unser Werk. Wenn wir *einen* Schritt auf ihn zu machen, macht er zehn Schritte auf uns zu. Die Hölle ist die Entfernung von Gott, der Himmel ist die Nähe zu Gott. Die Hölle besteht darin, dass der Lichtfunke sich verdunkelt, weil er sich von seinem göttlichen Licht getrennt hat. Der Himmel besteht darin, dass der Lichtfunke zurück will zu seinem Ausgangspunkt, dem göttlichen Licht, und sich mit ihm wieder vereint und in ihm zur Ruhe kommt.

Pöhlmann: Auch wir Christen beten, wenn jemand gestorben ist: „Herr, gib ihm die ewige Ruhe und das ewige Licht leuchte ihm."

Razvi: So beten auch wir Moslems.

Pöhlmann: Was hat der Kreislauf der Seele, die absinkt, um wieder aufzusteigen, für einen Sinn? Warum muss sie sich von Gott entfernen, um dann zu ihm zurückzukehren? Warum dieser Umweg? Warum bleibt sie nicht gleich bei Gott und warum muss sie diesen Kreislauf durchlaufen?

Razvi: Das ist ein Rätsel, das Gott erst am Ende der Tage aufklären wird. Dass es einen Sündenfall gibt und dass es nicht ohne Sündenfall abging, ist aber doch auch für euch Christen ein unlösbares Rätsel.

Pöhlmann: Der Sinn dieses Rätsels ist vielleicht der, dass die Seele auf die Wanderschaft gehen muss, um etwas zu lernen und zu reifen. Wichtig war mir, dass die Rückkehr der Seele zu Gott für dich keine menschliche Leistung ist sondern Gnade, dass es keine Selbsterlösung sondern nur eine Fremderlösung gibt – wir haben davon schon gesprochen.

Razvi: Alles ist Gnade. Wir leben aus dem Geschenk. Himmel heißt Glückseligkeit. Sooft wir Glück erleben und selig sind, sind wir schon hier und jetzt im Himmel, etwa im Zusammensein mit meiner Frau, mit meiner Familie, mit lieben Menschen oder im theologischen Gespräch, das wir führen. Das alles ist schon ein Stück Himmel. Denn es wird heller in unserem Leben. Wo es dunkel wird in unserem

Leben, sind wir schon hier und jetzt in der Hölle. Ich denke hier an die Hölle der Lieblosigkeit, des Hasses und der Missgunst. Hier machen wir uns selber unglücklich.

Pöhlmann: Wenn alles Gnade ist, warum spielt dann das Gericht nach den Werken eine so große Rolle im Koran? Du kennst das Bonmot islamischer Eschatologie: Der Weg über eine enge Brücke, dünner als ein Haar und schärfer als ein Schwert, muss bestanden werden. [108]

Razvi: Schon in früheren Gesprächen habe ich betont: Allah ist kein Gerichtsgott, wie ihr Christen uns immer wieder unterstellt. [109] Sicher ist auffallend oft vom Gericht im Koran die Rede. Doch wenn Gott uns richtet, will er uns eigentlich aufrichten, nicht hinrichten. Gott lässt Gnade vor Recht ergehen. Nach Sure 82, 19 ist der „jüngste Tag" ein „Tag, an dem kein Geschöpf etwas für ein anderes Geschöpf tun kann" und „an dem alle Entscheidung in Gottes Hand liegt", ein Tag also, an dem er die Freiheit hat, uns zu begnadigen, obschon er uns richten müsste. Gottes Gericht ist eine Wiederherstellung des Menschen. Unser arabisches Wort für Gericht „Din" heißt Erfüllung, Erfüllung, was Gott versprochen hat. Wenn der Koran vom Gericht redet, meint er die Begnadigung im Gericht, zu der Gott die Macht hat. In der Mitte des Koran steht die Gnade Gottes. Ich erinnere an die Überschrift über 113 der 114 Suren des Koran „Im Namen Allahs, des Erbarmers, des Barmherzigen".

Die Gerichtsdrohung im Koran hat den Sinn, dass wir auf jedem Schritt merken, wie weit entfernt wir von der Glückseligkeit sind und wie gefährdet sie ist. Unsere Werke reichen nicht aus, um den Himmel zu verdienen. Ohne Gnade machen sie nicht selig. Letztlich sind sie ein Kartenhaus, das bei dem leisesten Windhauch zusammenfällt.

---

108 H.-M. Barth, Dogmatik 2001 S. 753 f.

109 so z.B. Tieles Kompendium der Religionsgeschichte, umgearbeitet von N. Söderblom 1912 S. 186 f.

Nicht nur der Koran, auch die Bibel Alten und Neuen Testaments redet oft vom Gericht nach den Werken. Wie deutet ihr Protestanten dieses Gericht nach dem Werken?
Pöhlmann: Wir werden nach unseren Werken gerichtet (Röm. 1, 18–3, 20). Wir müssten aber verzweifeln, wenn wir nach unseren Werken gerichtet werden. Wer wird dann bestehen? (Ps. 130, 3) Daher hat Gott in seiner unbegreiflichen Liebe Gnade vor Recht ergehen lassen. Er nimmt das Gericht nach den Werken, das wir verdient haben, stellvertretend auf sich – in seinem Sohn am Kreuz. Daher werden wir freigesprochen im Gericht, obschon wir verurteilt werden müssten – um Christi willen, wenn wir das glauben (Röm. 3, 21–28) Er reißt uns durch. „Es gibt keine Verurteilung mehr für die, die in Christus Jesus sind". (Röm. 8, 1)
Razvi: Gibt es also kein Gericht mehr?
Pöhlmann: Doch. Ohne Gericht wird die Gnade zur billigen Schleuderware. Nur wenn ich unter dem Gericht Gottes erzittert bin, erlebe ich es als das unbegreifliche Wunder, dass Gott Gnade vor Recht ergehen lässt. Ohne die Heiligkeit Gottes wird seine Liebe unernsthaft. Gnade ist nur Gnade durchs Gericht hindurch. Die Gnade leuchtet nur auf dem dunklen Hintergrund des Gerichts. Hört Gott auf, Richter zu sein, dann wird er zu dem lächerlichen Weihnachtsmann und Kuschelgott, zu dem er oft in unserer christlichen Verkündigung geworden ist. Wir haben ihn seiner Strenge entkleidet und in die Großvaterrolle abgedrängt. Ich sage es noch einmal: Gnade ist nur Gnade durchs Gericht hindurch.
Razvi: Gott lässt aber nur Gnade vor Recht ergehen, wenn wir das glauben. Wer das nicht glaubt, kommt ins Gericht (Joh. 3, 18). Wer nicht glaubt, kommt in die Hölle. Mir ist es unfasslich, dass so viele Menschen in die Hölle kommen wollen, dass so viele Menschen ohne Gott leben wollen, nicht mit Gott und dadurch glücklich werden.
Pöhlmann: Hoffen wir auf Gottes Gnade, die größer ist als die Sünde der Menschen (Röm. 5, 20).

Razvi: Auch wir Moslems hoffen auf Gottes Gnade. Das ist freilich eine Gnade ohne Kreuz. Nicht Christus, Gott wird uns frei sprechen im Gericht. Gott braucht keinen Sühnetod Christi, um uns zu vergeben (Luk. 15, 11 ff.). In der Christologie unterscheiden sich die Eschatologien des Christentums und des Islam.[110] Ziel der islamischen Eschatologie ist die Rückkehr und Heimkehr zu Gott, nicht zu Christus, wie im Neuen Testament. (Phil. 1, 23; Lk. 23, 43)
Pöhlmann: Auch wir Christen sehen das Ziel der Eschatologie in der Gottesgemeinschaft, denn Christus ist nichts anderes als der menschgewordene Gott, in dem uns Gott nahe kommt und den Himmel schon hier auf Erden schenkt.
Razvi: Wie verschieden auch immer die Wege sind: das Ziel ist dasselbe! Die Gemeinschaft mit Gott, in der der Himmel besteht (Offbg. 21, 3 f.).
Pöhlmann: Christliche Theologen wie H. Zirker unterstellen dem Islam: In der neuen Welt Gottes wird lediglich die Schöpfung wiederhergestellt, aber nicht überboten wie im Christentum.[111] Nach dem Christentum wird die Schöpfung nicht nur wiederhergestellt sondern vollendet. Christus sagt: „Siehe, ich mache alles neu". (Offbg. 21, 3)
Razvi: Nach dem Islam wird in der Tat in der neuen Welt die Schöpfung wiederhergestellt, so wie sie am Anfang war, nichts Neues hinzugefügt. Die Schöpfung ist „sehr gut" (1. Mose 1, 31) und sie muss nicht verbessert werden. Der Hl. Geist schafft die neue Welt. Sie ist eine geistliche Erneuerung. Alle Menschen werden sich erneuern, auch alle Religionen. Diese Schöpfung ist eigentlich eine Schöpfung der Heiligen, die ein Abbild der Propheten sind, die wieder ein Abbild Gottes sind.
Was ist das Überbietende der christlichen Eschatologie? Wodurch wird die Schöpfung überboten in der neuen Welt Gottes?

110 vgl. J. Gnilka, Bibel und Koran. 4. Aufl. 2004 S. 148 f.
111 H. Zirker, Christentum und Islam. 1989 S. 64 ff.

Pöhlmann: Wie ich schon sagte, durch Christus, durch die Gemeinschaft mit Christus, dem menschgewordenen Gott. Dieses Eschaton [112] ereignet sich schon jetzt (Joh. 3, 18; Röm. 8, 1). Wir Christen lehren eine präsentische Eschatologie neben einer futurischen Eschatologie. Ist das im Islam genauso? Nach J. Gnilka kennt der Islam keine präsentische Eschatologie. [113]
Razvi: Der Islam kennt sehr wohl eine präsentische Eschatologie. Das Eschaton ereignet sich in einzelnen Personen schon hier und jetzt voraus. Wir haben davon bereits gesprochen. Das Eschaton ist der Augenblick Gottes. Im Grunde genommen gibt es keine Zeit; „Tausend Jahre sind (vor Gott) wie ein Tag", lesen wir in der Bibel (Ps. 90, 4; 2. Petr. 3, 8).
Pöhlmann: Der Physiker A. Einstein hat ja nachgewiesen, dass es keine Zeit gibt, und er meinte, Vergangenheit, Gegenwart und Zukunft sind eine „Illusion".
Razvi: Er machte aus der Zeit Sirup. Es gibt nur den ewigen Augenblick und immer wo wir uns vor das Letzte gestellt wissen, ereignet sich dieser ewige Augenblick, ereignet sich das Eschaton. Himmel und Hölle ist schon hier und jetzt in uns. Wenn wir nicht mit Gott leben, sind wir schon jetzt in der Hölle, die der öde Abgrund des Nichtseins ist. Wenn wir mit Gott leben, sind wir schon jetzt im Himmel, dem Sein. Ohne Gott leben heißt nicht sein, mit Gott leben heißt sein. Der moderne Existentialismus unserer säkularen Welt ist ohne Substanz und ohne Sein, weil ohne Gott.
Pöhlmann: Dasselbe gilt von der modernen self-fullfilling-Eschatologie des Nationalsozialismus, des Marxismus und des technischen Fortschrittsglaubens.
Razvi: Das Eschaton ist ein Geschenk Gottes, kein Gemächte des Menschen. Wir müssen auf es warten wie der Ast auf den Vogel warten muss. Es ist „der Friede, der höher ist als alle Vernunft" (Phil. 4, 7). Wir werden alle eins sein. Gott wird *eine* Person sein.

---

112 Das Letzte
113 J. Gnilka, Bibel und Koran. 4. Aufl. 2004 S. 151

Pöhlmann: Und wir Menschen werden auch *eine* Person sein.
Razvi: Ich möchte am Schluss unseres Gesprächs über die Eschatologie einen Text der Bibel zitieren, der auf den Punkt bringt, was uns eint. Er steht in der Offenbarung des Johannes Kapitel 21 und drückt unsere gemeinsame Hoffnung so zutreffend wie kein anderer aus. Kein Text beschreibt so gut, was für den Moslem und den Christen Himmel ist: „Siehe da, die Hütte Gottes bei den Menschen! Und er wird bei ihnen wohnen und sie werden sein Volk sein und er selbst … wird ihr Gott sein. Und Gott wird abwischen alle Tränen von ihren Augen, und der Tod wird nicht mehr sein, noch Leid, noch Geschrei, noch Schmerz wird mehr sein …“ (Offbg. 21, 3 f.)

8. Abwertung der Frau? [114]

Pöhlmann: Wird die Frau nicht im Islam abgewertet?
Razvi: Männer und Frauen sind im Islam gleichberechtigt wie z. B. der Anfang der Sure 4 zeigt: „O ihr Menschen, fürchtet euren Herrn, der euch aus einem einzigen (weiblichen) Wesen erschaffen hat, aus ihm erschuf er seinen (männlichen) Partner (saudsch) und aus ihnen beiden ließ er viele Männer und Frauen entstehen und sich ausbreiten …" (4, 1). Mann und Frau sind „Partner", also gleichwertig. [115] Die Frau heiratet nach dem Islam den Mann, nicht umgekehrt. Ohne ihr Einverständnis darf man sie nicht heiraten und ohne ihre Zustimmung darf man sie in der Ehe nicht berühren.
Pöhlmann: Aber es gibt doch so viele Zwangsheiraten im Islam!
Razvi: Wenn die Frau nicht einverstanden ist mit der Zwangsehe, kann sie die Ehe beim Gericht anfechten und annullieren lassen. Die Zwangsehe ist nichts spezifisch Islamisches sondern eine Sitte in allen feudalen Kulturen. Der Islam war gegen alle feudalen Kulturen, als er entstanden ist.
Pöhlmann: Hamideh Mohagheghi meinte sogar, „dass der Islam für die Frauen auf der arabischen Halbinsel im 7. Jahrhundert etwas Emanzipatorisches hatte". Sie wurden erstmals als „Rechtspersonen" anerkannt. [116]
Razvi: So ist es.
Pöhlmann: Viele Aussagen des Koran sind mir aber dann unverständlich wie etwa Sure 4, 34, wo es heißt: „Die Männer stehen über den Frauen, weil Gott die einen vor den anderen bevorzugt hat und weil sie von ihrem Vermögen (für die Frauen) ausgeben. Die rechtschaffenen Frauen sind gehorsam …"

---

114 A. Schimmel, Die Zeichen Gottes. 1995 S. 248 ff.
115 so auch Fatima Haditcha in Publik-Forum Dossier Nr. 6/2005 S. 10
116 H. Mohagheghi, Zeitzeichen Jg. 6/2005 H. 6 S. 40

Razvi: Zwei Verse vorher Sure 4, 32 lesen wir von den Männern und Frauen: „Begehret nicht das, womit Gott die einen von euch vor den anderen ausgezeichnet hat!“ Die Frauen haben die größere Auszeichnung, weil sie die Träger der Gesellschaft sind. Ohne sie kommen keine Kinder zur Welt und werden sie nicht erzogen. Von Vers 32 hat dann Vers 34 der Sure 4 den Sinn: Die Männer sind verantwortlich für die Frauen und für ihr Wohlergehen. Sie sind verpflichtet, für die Frauen Geld auszugeben und den Haushalt zu finanzieren.
Pöhlmann: Wie reimt sich das zusammen mit dem Satz aus dem Koran Sure 4, 34: „Ermahnt diejenigen (Frauen), von denen ihr Widerspenstigkeit befürchtet, und entfernt euch von ihnen in den Schlafgemächern und schlagt sie“.
Razvi: Es kann auch bedeuten „züchtigt sie“. Das ist das letzte Mittel. Das ist die Ausnahme, nicht die Regel.
Pöhlmann: Ich erinnere an Mohammeds Wort: „Der beste unter euch ist, wer am besten zu seiner Frau ist“. [117]
Razvi: Das ist die Regel. Mohammed meinte: „Die Frauen sind wie die Gefangenen in euren Händen, deswegen sollt ihr sie gut behandeln“. Denn Sklaven gut zu behandeln, ist ein Gebot.
Pöhlmann: Und was ist mit den Ehrenmorden, die islamischen Frauen drohen?
Razvi: Die Ehrenmorde haben nichts mit dem Koran zu tun. Sie sind vor allem verbreitet unter säkularisierten Moslems. Sie sind ein Brauchtum, kein Gebot Gottes, Stammessitten, keine Religionsgebote, etwas Kulturelles, nichts Religiöses. Es gibt sie in allen feudalen Kulturen der Welt, nicht nur im Islam. Dasselbe gilt von der Blutrache. Ehrenmorde werden nach islamischem Recht bestraft.
Pöhlmann: Wird die Frau nicht durch die Polygamie, die der Koran erlaubt, deklassiert? Sure 4, 3 f. lesen wir: „... heiratet, was euch an Frauen beliebt, zwei, drei oder

117 A. Schimmel, Die Zeichen Gottes. 1995 S. 253

vier. Wenn ihr aber fürchtet, (sie) nicht gleich zu behandeln, dann nur eine oder was eure rechte Hand (an Sklavinnen) besitzt".

Razvi: Dieses Gebot wurde in der Zeit erlassen, wo es einen Frauenüberschuss gab und Frauen mit ihren Kindern schutzlos waren. Das Ideal ist nach dem Koran, nur eine einzige Frau zu heiraten, wie es die meisten Moslems machen. Mein Vater hatte zwei Frauen und zwei Konkubinen.

Pöhlmann: Wird die Frau nicht durch den Koran auch disqualifiziert, wenn er nur dem Mann das Recht auf Scheidung zubilligt, nicht der Frau. (Sure 2, 236 f.)

Razvi: Die Scheidung wird erlaubt, aber nicht bejaht. Sie ist eigentlich gegen Gottes Wille, der in der Ehe einen letztgültigen Bund sieht. Wichtig ist, dass die geschiedene Frau nach dem Koran versorgt werden muss (Sure 2, 241) und dass er die Scheidung erschwert.

Pöhlmann: Wird nicht die Frau durch das koranische Erbrecht abgewertet, nach dem die Töchter nur halb so viel erben als die Söhne (Sure 4, 11), also nur halb so viel wert sind?

Razvi: Nein. Denn die Töchter bekommen, wenn sie halb so viel erben wie die Söhne, zum Ausgleich vorher eine Aussteuer ausbezahlt. Ein Teil des Erbes wird also schon vorausbezahlt.

Pöhlmann: Was hältst du von dem polemischen Klischee, die Frau habe nach dem Islam keine Seele.

Razvi: Nichts. Die Frau hat sehr wohl eine Seele wie der Mann. Sie ist Subjekt, nicht Objekt.

Pöhlmann: Werden die Frauen nicht zum Objekt erniedrigt durch den Satz des Koran Sure 2, 223: „Eure Frauen sind euer Acker". Werden sie dadurch nicht zu Gebär- und Lustmaschinen degradiert? Die Frau ist keine Reproduktionsmaschine sondern Persönlichkeit.

Razvi: Mit dem Acker ist das fruchtbare Land in der Wüste gemeint – vergessen wir nicht, der Koran ist in Arabien entstanden! Die Stelle hat folglich den Sinn: eure Frauen sind euer Garten, sie sind euer Paradies. Ihr müsst diesen Paradiesgarten bebauen und bewahren, hegen und pflegen. Diese Stelle wertet die Frau auf, nicht ab. Sie ist das Paradies, also der bessere Teil der Menschheit. Sie ist das Glück des Mannes, auf das er stolz sein kann, Subjekt, nicht Objekt. Wenn ich einen Acker pflege, mache ich ihn nicht zum Objekt sondern zum Subjekt. Sie ist eine Oase in der Wüste.

Pöhlmann: Ein anderes, viel diskutiertes Problem ist das Kopftuch der islamischen Frau. Es ist wie ein Judenstern in unserer Gesellschaft. Gibt es nicht einen Kopftuchzwang im Islam?

Razvi: Nein. Es gibt zwei Gründe für das Kopftuch, Schutz und Scham. Im tropischen Klima Arabiens kann man nicht barhäuptig gehen, weder als Frau noch als Mann. Das Kopftuch ist ein Schutz gegen die Sonnenhitze. Außerdem ist es Ausdruck der Scham der Frau. Im Koran Sure 24, 31 lesen wir: „Sprich zu den gläubigen Frauen, dass sie ihre Blicke niederschlagen und ihre Scham bewahren und dass sie nicht ihre Reize zur Schau tragen … und dass sie ihren Schleier über ihren Busen schlagen …“. Im Koran Sure 33, 59 steht: „O Prophet, sprich zu deinen Gattinnen und deinen Töchtern und den Frauen der Gläubigen, dass sie sich in ihren Überwurf verhüllen“. Das Kopftuch ist kein religiöses sondern ein kulturelles Gebot, Sitte, nicht Glaubenssache, zu der es in der westlichen Diskussion hochstilisiert wurde. Das Kopftuch gehört einfach zur Kleidung der Frau und es ist kein religiöses Symbol. Es gehört zur Kleidung der Frau wie die Krawatte zur Kleidung des Mannes. Lehrerinnen in der Schule das Kopftuch zu verbieten ist so albern wie Lehrern in ihr die Krawatte zu verbieten. So wenig wie es einen Zwang geben darf, das Kopftuch tragen zu müssen, darf es einen Zwang geben, das Kopftuch nicht tragen zu dürfen. [118] Beides ist ein Eingriff in die Freiheit der Frau. Der Mensch

118 H. Mohagheghi, in: Zeitzeichen 2005 Heft 6 S. 39

hat doch das Recht, sich kleiden zu dürfen wie er will. Jeder soll das frei entscheiden dürfen.
Pöhlmann: Ich stimme dir voll zu. Die Kleidung gehört in die Intimsphäre des Menschen, in die sich niemand einmischen darf. Jeder hat das Recht, selbst zu entscheiden, wie er sich kleiden will. Es geht beim Kopftuch um eine Benimmregel, nicht um ein Gebot Gottes.
Razvi: Die Frau wird im Koran nicht abgewertet, aber wird die Frau nicht in der Bibel abgewertet? Paulus bezeichnet den Mann als „das Haupt der Frau" (1. Kor. 11, 3) [119] und er meint, „die Frauen sollen in den Gemeindeversammlungen schweigen" und „sie sollen sich unterordnen" (1. Kor. 14, 34). [120] Nach Christa Wolf hatte die Frau im Christentum jahrhundertelang eine „Sklavenrolle". [121]
Pöhlmann: Das ist in der Tat so in der Geschichte des Christentums gewesen, in der man sich fälschlich auf die Bibel berief. Es handelt sich bei den Weisungen des Paulus im 1. Korintherbrief lediglich um eine aus dem Judentum übernommene *Sitte*, die von der christlichen Gemeinde zunächst noch beibehalten wurde, nicht um eine *Norm*, um eine kulturelle Konvention, nicht um ein religiöses Gebot. In der Mitte der Ethik des Paulus steht die Botschaft, dass durch die Taufe alle Ränge und Unterschiede zwischen den Menschen aufgehoben sind, wenn Paulus im Galaterbrief schreibt: „Hier gibt es nicht mehr Juden noch Griechen, nicht Sklaven noch Freie, nicht Mann noch Frau; denn ihr seid alle einer in Christus Jesus". (Gal. 3, 28) Frau und Mann sind also gleichwertig. Im neuen Äon, in der neuen Welt Gottes gibt es nach Paulus nur noch die herrschaftsfreie Gemeinde der Gleichen. (1. Kor. 8, 6 „Einer ist der Herr") Die Ethik der Unterordnung gehört für Paulus zum alten Äon, zur alten Welt, die geht und vergeht, wenn auch der

119 vgl. 1. Mose 3, 16
120 vgl. Eph. 5, 22 ff.; 1. Tim. 2, 11 ff.
121 Christa Wolf, Voraussetzungen einer Erzählung: Kassandra. 1983 S. 108

Christ noch in ihr lebt. Sie steht nicht in der Mitte sondern am Rande der Briefe des Paulus. Jesus hat die Frau aufgewertet, nicht abgewertet. [122]

Razvi: Dasselbe gilt vom Islam. Man denke nur daran, wie hochgeehrt Fatima und Maria im Islam sind. [123] Es gibt 14 sehr heilige Frauen im Islam.

Pöhlmann: Die christliche Frau geht wie der christliche Mann in den Gottesdienst. Sie kann in protestantischen Kirchen sogar geistliche Ämter übernehmen. Warum geht die islamische Frau nicht in die Moschee zum Freitagsgebet, warum kann sie kein Imam sein?

Razvi: Bei uns Schiiten kann die Frau Imam sein und alle geistlichen Ämter ausüben. Die Frau muss nicht, aber sie kann in den Gottesdienst gehen. Sie ist dazu nicht verpflichtet sondern davon entpflichtet. Denn sie hat den Haushalt zu führen und die Kinder zu erziehen. Den Haushalt zu führen und Kinder zu erziehen ist auch ein Gottesdienst. Der Mann kann nicht in die Moschee gehen, wenn die Frau nicht den Hausstand in Ordnung hält. Außerdem ist das Freitagsgebet zweitrangig, viel wichtiger ist das tägliche fünfmalige Gebet. Die Frau ist zu diesem fünfmaligen täglichen Gebet verpflichtet. Auch die Einhaltung hoher Festtage ist zweitrangig, vorrangig ist das fünffache tägliche Gebet. Es ist eine der fünf Säulen des Islam. Die fünf Pfeiler des Islam, die jeder Moslem erfüllen muss, lauten: 1. Glaube an den einen Gott, 2. Fünfmal täglich beten, 3. Almosen geben, 4. Einhaltung des Ramadanfastens, 5. Wallfahrt nach Mekka wenigstens einmal im Leben. Diese fünf Grundgebote des Islam sind wichtiger als das Freitagsgebet.

---

122 nähere Begründung: H. G. Pöhlmann, Wer war Jesus von Nazareth? 8. Aufl. 2002 S. 222 f.

123 A. Schimmel, Die Zeichen Gottes. 1995 S. 250 f.

9. Krieg und Frieden [124]

Pöhlmann: Jesus verbietet jede „Gewalt“ (Matth. 20, 25 f.) und er verlangt von seinen Jüngern, die „andere Backe“ hinzuhalten, wenn man auf die eine Backe geschlagen wird (Matth. 5, 39). Ist der Islam nicht eine gewaltsame, kriegerische Religion, die Religion des Schwertes und des Heiligen Krieges, durch den seine politische Herrschaft ausgebreitet werden soll? [125] Die islamischen Eroberer haben die christlichen Gebiete Nordafrikas, des Vorderen Orients, Griechenlands, des Balkans und Spaniens okkupiert und sie standen zweimal vor Wien, ganz zu schweigen von der islamischen Okkupation Persiens und Indiens. Heißt es nicht im Koran „[Allah] gab euch zum Erbe ihr Land“ (Sure 33, 27).
Razvi: Das ist ein großes Missverständnis. Man darf diese Stelle nicht verallgemeinern. Sie beschreibt einen singulären Fall. Hier ist nur ein Landstrich gemeint, nicht das ganze Land. Der Satz ist situationsbedingt und von situationsbegrenzter Bedeutung.
Pöhlmann: Stehen nicht im Koran die furchtbaren Sätze: „… Tötet die Heiden, wo ihr sie findet …“ (Sure 9, 5), „Wenn ihr auf die, die ungläubig sind, trefft, dann herunter mit dem Haupt, bis ihr ein Gemetzel unter ihnen angerichtet habt …“ (Sure 47, 4)
Razvi: Das Wort „töten“ (qatal) hat im Arabischen auch den Sinn von „entwaffnen“. Die Gegner sollten entwaffnet werden. „Herunter mit dem Haupt“ kann auch anders übersetzt werden: „schlagt [ihnen] auf die Nacken“. Nach dem Kontext sollten sie wehrlos gemacht werden. Der Islam hat einen anderen Ansatz als das Christentum. Er will eine Gesell-

---

124 J. Gnilka, Bibel und Koran. 2004 S. 169 ff.; A. Th. Khoury, Der Islam. 6. Aufl. 2001 S. 193 ff.; G. von Rad, Der Heilige Krieg im alten Israel. 3. Aufl. 1958

125 so Tiele's Kompendium der Religionsgeschichte, umgearbeitet von N. Söderblom. 1912 S. 197

schaftsordnung schaffen, nicht wie Jesus den Einzelnen ansprechen. Er trennt nicht die beiden Reiche Religion und Politik wie das Christentum. Beides ist eins. Und in einer politischen Gesellschaftsordnung muss auch Gewalt angewandt werden, um schlimmere Gewalt zu verhindern. Es gibt im Islam keine heiligen Kriege sondern nur weltliche Kriege. Dabei ist nach dem Koran nur der Verteidigungskrieg erlaubt (Sure 2, 190), nicht der Angriffskrieg. In so einem Krieg darf keine Gewalt geübt werden gegen Frauen, Kinder und Alte sowie gegen Mönche und Nonnen. Franz von Assisi wurde geschont und ehrenvoll behandelt, als er islamisches Territorium als Missionar betrat und 1219 in Damiette in Ägypten den Sultan Al Kamil bekehren wollte. In einem Verteidigungskrieg wurden nur die getötet, die gegen uns Kriege führten.

Pöhlmann: M. S. Abdullah [126] und A. Schimmel [127] haben darauf hingewiesen, dass das arabische Wort für „Heiligen Krieg" Dschihad mit Anstrengung, Bemühung zu übersetzen sei, nicht mit Heiligem Krieg. Der Dschihad sei ein geistiger Streit, den ich in meiner Seele ausfechte, kein Krieg.

Razvi: Ja. Das Wort Dschihad hat den Sinn von Anstrengung und Bemühung mit Gottes Hilfe. Es bezeichnet einen geistigen Kampf und einen moralischen Kampf, keinen physischen Kampf, einen inneren Kampf, keinen äußeren Kampf. Es gibt keinen religiösen Krieg sondern nur einen weltlichen Krieg. Im Koran Sure 2, 256 lesen wir: „Es gibt keinen Zwang in der Religion".

Pöhlmann: Also doch eine Unterscheidung der beiden Reiche auch im Islam!

Razvi: Ja. Überall, wo im Islam Krieg im Namen Allahs geführt wurde, war das eine Sünde und eine Übertretung der Gebote des Koran. Dasselbe gilt für Eroberungskriege.

---

126 In: H. G. Pöhlmann, Allahu akbar. Die Zeichen der Zeit Heft 1/2000 S. 23

127 A. Schimmel, Die Zeichen Gottes. 1995 S. 259

Pöhlmann: Berufen sich nicht die terroristischen islamischen Selbstmordattentäter auf den Koran Sure 9, 111, wo es heißt: „Gott hat von den Gläubigen ihre eigene Person und ihr Vermögen dafür erkauft, dass ihnen das Paradies gehört, wenn sie auf dem Weg Gottes kämpfen und so töten oder getötet werden".

Razvi: Hier sind keine Selbstmordattentate sondern Verteidigungskriege gemeint, keine heiligen Kriege sondern weltliche Kriege. Es ist Aufgabe des Staates, sich gegen Angreifer mit Waffen zu schützen, auch Aufgabe des deutschen Staates. Er ist unsere Heimat und wenn er unsere Söhne als Soldaten in einem Verteidigungskrieg braucht, akzeptieren wir das. Ich muss immer wieder betonen, dass der Koran im Unterschied zur Bibel eine Staatsordnung entwerfen wollte. Jesus wollte das nicht. Er sagte: „Mein Reich ist nicht von dieser Welt" (Joh. 18, 36). Das Reich des Koran ist von dieser Welt. Gottesreich und Weltreich werden hier nicht unterschieden wie im Christentum. Das Weltreich ist das Gottesreich.

Wie seht ihr Christen Krieg und Frieden?

Pöhlmann: In der Bibel Alten Testaments gibt es auch heilige Kriege, in denen Gott die Ausrottung der gesamten Bevölkerung von Städten wie Jericho und Ai anordnete (Jos. 6, 2. 17. 21; 8, 1. 22–26). Ich finde das schrecklich. Doch im Unterschied zum Koran ist die Bibel keine flächenhafte Größe, in der alle Aussagen gleich wichtig sind sondern eine gestufte Größe, in der es eine Mitte und Spitze gibt, von der her alle ihre Sätze gesehen und an der sie alle zu messen sind: die Liebe Gottes. Selbst im Alten Testament steht sie im Mittelpunkt (Jer. 31, 3; Hosea 2, 21), nicht zeitbedingte Randaussagen über den Heiligen Krieg, die dieser Mitte widersprechen und folglich auszuscheiden sind. Der verbalinspirierte Koran ist im Unterschied zur Bibel eine flächenhafte Größe, in der alle Sätze gleich wichtig sind und in gleicher Weise Wort Gottes sind.

Razvi: Hier muss ich widersprechen und habe das auch schon in einem anderen Gespräch getan. Nach Sure 3, 7 des Koran sind „Verse von entscheidender Bedeutung“ des Korans von solchen, die das nicht sind, zu unterscheiden. Die in den 114 Suren des Koran 113 mal wiederholte Überschrift „Im Namen Allahs, des Erbarmers, des Barmherzigen“ ist ein Satz von „entscheidender Bedeutung“ im Koran und seine Mitte und Achse, nicht Sätze über den Krieg. Der Gott des Korans ist letztlich ein Gott der Liebe und das Prinzip Liebe ist in ihm von achsialem Rang, aus dem nur Frieden kommen kann.
Pöhlmann: Um deine Frage weiter zu beantworten, wie wir Christen Krieg und Frieden sehen, noch folgendes: Schalom oder Friede ist nach der Bibel ein Eschaton. Erst am Ende der Zeiten wird es keine Kriege mehr geben und erst dann werden die Nationen „ihre Schwerter zu Pflugscharen und ihre Spieße zu Sicheln“ schmieden, wie wir im Alten Testament Jesaja 2, 4 und Micha 4, 3 lesen. Nichts desto trotz kann es in der Gegenwart noch Verteidigungskriege geben, wenn wir im Alten Testament Joel 4, 10 die gegenteilige Weisung lesen: „Macht aus euren Pflugscharen Schwerter und aus euren Sicheln Spieße“. Entscheidend ist im Alten Testament, dass es der Messias ist, der Schalom, der Frieden bringen wird nach Jesaja 9, 5 f., eine Hoffnung, die vom Christentum und Judentum in gleicher Weise übernommen wurde. Nach dem Neuen Testament ist Jesus Christus der messianische Friedensbringer (Luk. 2, 14; Eph. 2, 14), nach dem Judentum ist es der jüdische Messias. Der Friede ist also nach dem Alten wie Neuen Testament nicht nur Aufgabe des Menschen sondern Gabe Gottes.
Razvi: Das ist auch im Islam so.
Pöhlmann: Gleichwohl ist es nach Jesus Aufgabe der Jünger Jesu, Frieden zu stiften bis hin zur Feindesliebe (Matth. 5, 44). Jesus verbietet seinen Jüngern jedes Töten, auch das im Krieg, und er weist Petrus zurecht, der das Schwert ziehen will: „Wer das Schwert ergreift, der soll

durchs Schwert umkommen“ (Matth. 26, 52). Er preist die „Gewaltlosen“ und die „Friedensstifter“ selig (Matth. 5, 5. 9). Der Krieg ist keine christliche Möglichkeit. Nicht zu töten, ist der Normalfall. Es gibt aber, weil wir noch in einer unerlösten Welt leben, Grenzfälle, wo ich in der Wahl des kleineren Übels töten muss, um den Tod von Millionen zu verhindern wie in der Widerstandsbewegung gegen Hitler oder wo ein Staat, der von einem anderen überfallen wird, sich wehrt, um seine Menschen zu schützen. Es gibt im Leben nicht immer die Wahl zwischen Gut und Böse sondern im Grenzfall auch die Wahl zwischen Böse und Böse, wo ich in der Wahl des kleineren Übels ein Gebot Gottes übertreten muss, um ein Gebot einzuhalten, wo ich Böses tun muss, um Böseres zu verhindern, und wo ich also in jedem Fall Schuld übernehmen muss. Wir leben noch in der unerlösten alten Welt. Wir leben noch nicht in der neuen Welt Gottes. Wir sind noch nicht im neuen Äon sondern noch im alten Äon.

Razvi: Auch in der islamischen Ethik gibt es die Güterabwägung und die Wahl zwischen zwei Übeln, nicht nur die Wahl zwischen Gut und Böse.

Pöhlmann: Das Christentum ist eine gewaltlose Religion, obschon sie so viel Gewalt geübt hat, auch gegen Moslems in den Kreuzzügen und durch die Inquisition. Der gewaltlose Christus am Kreuz verpflichtet uns zur Gewaltlosigkeit. Heißt aber nicht „Islam“ „Unterwerfung“?

Razvi: Das ist eine christliche Fehlübersetzung. Das Wort Islam heißt soviel wie Friede. Das arabische Wort für Friede „silm“ oder „salam“ ist in dem Wort „Islam“ enthalten. Islam heißt Friede mit Gott und mit allen Menschen. Der Islam ist wie das Christentum eine Friedensreligion, keine Gewaltreligion.

Pöhlmann: Habt ihr auch Frieden mit den Juden gemacht? In der Sure 5, 64 des Koran werden die Juden verflucht.

Razvi: Gewiss. Doch nicht alle Juden werden verflucht sondern die Juden zur Zeit Mohammeds, die Jesus und Maria

in den Toledot Jeschu verleumdet und geschmäht haben. Diese Verfluchung hat mit dem heutigen Judentum nichts zu tun. Die Juden von damals sind gemeint. Du weißt, wie sehr der Koran Maria und Jesus ehrt und wertschätzt.
Juden wurden in islamischen Staaten als Schriftbesitzer immer toleriert und nie zur Konversion zum Islam gezwungen, ebenso wie die Christen als Schriftbesitzer immer Toleranz erfuhren. Ich erinnere an die maurischen Staaten im mittelalterlichen Spanien. Auch anderen Religionen, die nicht Schriftbesitzer sind, wurde in islamischen Staaten Toleranz gewährt. Die islamischen Staaten waren immer pluralistisch. Denn keiner hat die ganze Wahrheit nach islamischer Lehre.
Pöhlmann: Das ist auch christliche Lehre. Nach Paulus haben wir nur Bruchstücke von der Wahrheit, nicht die ganze Wahrheit (1. Kor. 13, 9 f. 12), ebenso nach Johannes (16, 13). Die ganze Wahrheit wird uns erst am Ende der Tage offenbar. Sie ist ein Eschaton. Das macht bescheiden.
Welche Aufgabe haben die Religionen heute?
Razvi: Die Religionen haben die Aufgabe, den Weltfrieden herzustellen. Sie sollen nicht – wie es oft der Fall ist – Konflikte auslösen sondern Konflikte lösen. Sie haben einen Friedensauftrag in der Welt. Und wenn es nur kleine Schritte sind zum Frieden, sie müssen gewagt werden. Sie können nicht der UNO die Friedenssicherung überlassen.
Pöhlmann: Der Friede ist Grundmotiv des Islams und des Christentums wie aller Religionen.[128] Ihre Aufgabe wäre daher, Frieden in die Welt zu bringen und alles zu tun, dass Kriege verhindert werden und Konflikte auf dem Verhandlungsweg beseitigt werden und weltweit abgerüstet wird sowie die ABC-Waffen abgeschafft werden.
Razvi: Das ist genauso mein Anliegen.

128 näherer Nachweis: H. G. Pöhlmann, Friede und Gewaltlosigkeit in den Religionen. In: N. Ammermann, B. Ego, H. Merkel, Frieden als Gabe und Aufgabe. 2005 S. 261–270

Pöhlmann: Islam und Christentum zielen ab auf den friedlichen Menschen. Doch der Mensch kann nur einen relativen Frieden schaffen, keinen absoluten Frieden, der nur von Gott kommen kann.
Razvi: Friede ist nicht nur Aufgabe sondern Gabe. Wir müssen um ihn beten.

10. Gibt es einen Konsens in den Werten? [129]

Pöhlmann: Westliche Politiker fordern von den Moslems, sie sollen die Werte der westlichen Wertegemeinschaft übernehmen, als ob es nicht auch viel von der islamischen Wertegemeinschaft zu lernen gäbe und als ob in dieser westlichen Wertegemeinschaft alles in Ordnung wäre. Dieses pharisäische Pochen auf die westliche Wertegemeinschaft ist für mich nichts anderes als ein phrasenböllerndes Schlachtschiff. Mit Recht halten Moslems dagegen, wie irritiert sie darüber sind, was alles in dieser westlichen Wertegemeinschaft möglich ist von der bedenkenlosen Massenabtreibung bis zu der sexuellen Freizügigkeit und Promiskuität, der Pornographie, der hohen Scheidungsziffer, dem alarmierenden Geburtenrückgang und dem Egoismus einer Egogesellschaft [130] – ganz zu schweigen von dem Skandal, dass die reichen westlichen Völker auf Kosten der armen Länder der Dritten Welt leben und sie ausbeuten statt mit ihnen zu teilen. Es ist geradezu lächerlich, von einer westlichen Leitkultur zu reden.

Razvi: Die westliche Säkularisierung widerspricht allen religiösen und humanistischen Grundsätzen des Christentums, Islams, Judentums, Hinduismus und Buddhismus. Durch den grundsatzlosen Beliebigkeitspluralismus des Westens werden Werte überhaupt in Frage gestellt. In der postmodernen Kultur der Vertauschbarkeit gibt es weder richtig noch falsch. Alles ist beliebig, anything goes, alles ist möglich, alles ist egal. Werte gibt es nicht mehr, auch keine Menschenrechte, ganz zu schweigen von den Rechten der Tiere und Pflanzen und der Natur und des Kosmos. Der westliche Mensch ist dem Konsumismus verfallen, der alle

---

129 J. Gnilka, Bibel und Koran. 4. Aufl. 2004 S. 169 ff.; H. Mohagheghi, Nicht der Islam ist frauenfeindlich … in: Zeitzeichen 2005, 6, S. 39 ff.; K.-J. Kuschel, Der Islam und die Freiheit. In: Publik-Forum 2006 Nr. 3 S. 46 ff.; H. Küng, Der Islam. 2004

130 so u. a. B. Alboğa mündlich

Werte erstickt und in dem es nur noch einen Wert gibt: gut ist, was Spaß macht. Ich kann es gut verstehen, dass der Philosoph F. Nietzsche verrückt geworden ist, als er diesen anbrechenden Nihilismus wahrnahm.
Natürlich bejahen wir Moslems die Menschenrechte der westlichen Wertegemeinschaft, aber sie stammen aus den Religionen, auch aus der islamischen Religion. Der Mensch hat nach dem Islam eine Menschenwürde, die nicht verletzt werden darf und die unveräußerlich ist. Als Statthalter Gottes auf Erden (Koran Sure 2, 30) ist der Mensch der Bewahrer der Schöpfung, nicht ihr Zerstörer, ihr Gärtner, nicht ihr Ausbeuter (1. Mose 2, 15), ihr Partner, nicht ihr Despot. Steuern wir nicht einer ökologischen Katastrophe entgegen?
Pöhlmann: Ein anderes Krebsübel unserer westlichen Welt ist die kapitalistische Kampfhundarena und der Ellenbogenkapitalismus, in dem alle moralischen Werte zu Bruch gehen und in dem es nur noch das Recht des Stärkeren gibt.
Die jüdisch-christlichen Grundwerte sind in den Zehn Geboten des Dekalogs zusammengefasst (2. Mose 20, 1 ff.). Kennt der Koran diese Zehn Gebote?
Razvi: In der Sure 17, 22–39 des Koran finden wir eine vergleichbare Gebotsreihe.[131] Sie besteht aus 12 Geboten, die dem Dekalog nachempfunden sind. 9 Gebote aus ihr sind mit dem Dekalog identisch. Es fehlt in ihr das Ruhetagsgebot des Dekalogs. Darüber hinaus gibt es in ihr drei neue Gebote, die der Dekalog nicht kennt.
Pöhlmann: Warum wurde das Ruhetagsgebot des Dekalogs nicht vom Koran übernommen?
Razvi: Wir Moslems können nicht akzeptieren, dass Gott am 7. Schöpfungstag von seiner Arbeit ruhte (1. Mose 2, 2 f.). Denn die Schöpfung geht weiter. Sie wurde nicht in 6 Tagen vollendet. Ihre Vollendung steht noch aus. Gott und wir Menschen arbeiten weiter an der Schöpfung. Zudem ist das

131 J. Gnilka, a. a. O. weist noch auf eine andere vergleichbare Gebotsreihe in Sure 25, 68–72 hin S. 169

6-Tagewerk von 1. Mose 1–2 nicht wörtlich zu verstehen sondern symbolisch.
Pöhlmann: Der Koran zählt in seiner Gebotsreihe drei neue Gebote auf, die der Dekalog nicht nennt.
Razvi: Das Gebot, Verwandten, Armen und Fremden zu helfen (Sure 17, 26), das Gebot, nicht über etwas zu reden, wovon man nichts versteht (Sure 17, 36) und das Gebot, nicht überheblich und größer sein zu wollen als die anderen (Sure 17, 37).
Pöhlmann: Die Bibel kennt diese Gebote auch, wenn sie auch nicht im Dekalog stehen.
Razvi: Werfen wir nochmals einen Blick auf die gemeinsamen Gebote der beiden Gebotsreihen in Sure 17 und 2. Mose 20.
Pöhlmann: Einen axialen Rang hat in beiden Gebotsreihen das 1. Gebot, keine anderen Götter neben dem einen Gott zu haben, der Monotheismus.[132] Wir haben ja über dieses Thema schon in einem anderen Kapitel gesprochen.
Razvi: In 2. Mose 20, 2 f. hat dieses 1. Gebot den Wortlaut: „Ich bin der Herr, dein Gott, der dich aus dem Land Ägypten, aus dem Sklavenhaus geführt hat. Du sollst neben mir keine anderen Götter haben“, in Sure 17, 22 lautet es: „Setz nicht Gott einen anderen Gott zur Seite, damit du nicht mit Schimpf bedeckt und verlassen dasitzt“.
Pöhlmann: Nur die Bindung an Gott macht uns frei von falschen Bindungen. Sie ist etwas Befreiendes, das uns von der Sklaverei falscher Götter befreit, ohne sie verfallen wir ihnen. Es kommt darauf an, wer mich beherrscht. Wenn mich Gott beherrscht, können mich keine Götzen mehr beherrschen.
Razvi: Der eine Gott ist aber nicht nur ein Befreier. Er ist ein Freund, ohne den ich allein und verlassen bin. Götzen schenken keine Gemeinschaft. Sie lassen mich allein.
Was gibt es heute für Götzen?

---

132 Glaube an einen einzigen Gott

Pöhlmann: Es gibt unzählige „andere Götter", die uns beherrschen können: ein Mensch, der sich zu meinem Gott macht oder den ich zum Gott mache und als Idol vergötze, aber auch Sachen können zu einem Gott werden wie der Fernseher, der Fußball, die Zigarette oder das Geld. Nach Luthers Großem Katechismus ist der „Mammon" der „allgemeinste Abgott auf Erden". [133] Daran hat sich bis heute nichts geändert. Doch all diese Antworten können Ablenkungsmanöver sein von dem schlimmsten Abgott, der ich selber bin, wenn ich mich selber zum Gott anderer Menschen mache, sie beherrschen und abhängig machen will. Wenn Gott unser einziger Herr ist, haben wir kein Recht, über andere Herr zu sein. Unter diesem einen Herrn sind alle gleich und alle Unterordnungsstrukturen zwischen den Menschen aufgehoben. (Gal. 3, 28)

Razvi: Ich sehe das genau so. Das eigene Ego ist der allerschlimmste Abgott. Nach Sure 25, 43 und Sure 45, 23 soll der Mensch nicht „seine Neigung" zu „seinem Gott" machen. Nach meiner theologischen Schule entsteht der Polytheismus [134] dadurch, dass ich Dinge personifiziere und mich selbst in sie hineinprojiziere. Die Götter sind die Projektion meiner Wünsche und Ängste, aber anders als L. Feuerbach das meinte, der das Kind mit dem Bad ausschüttete,

Pöhlmann: indem er Gott selber zu so einer Projektion machte.

Razvi: Gott ist keine Projektion. Er befreit mich von allen Projektionen. Er ist keine Projektion meiner Wünsche und Ängste. Er befreit mich von den Projektionen meiner Wünsche und Ängste und stellt mich wieder auf den Boden der Realität.

Pöhlmann: Wir sagten: Wenn Gott unser einziger Herr ist, haben wir kein Recht, über andere Herr zu sein. Aber es gilt

133 Unser Glaube. Die Bekenntnisschriften der Ev.-Luth. Kirche. 5. Aufl. 2005 Nr. 589

134 Glaube an viele Götter

auch das Umgekehrte: Wenn Gott mein einziger Herr ist, werde ich frei von allen anderen Herren und ich bekomme eine ironische Distanz zu allen und allem, was sich als Herr aufspielt. Psalm 118, 6 heißt es: „Der Herr ist mit mir, darum fürchte ich mich nicht, was können mir Menschen tun?“

Razvi: Der Koran äußert sich ganz ähnlich. Wenn ich Gott fürchte, brauche ich keine Menschen zu fürchten (Sure 9, 40). Dieser Glaube hat mich durch mein ganzes Leben begleitet von Jugend an. Als meine Familie aus Indien vertrieben wurde und wir all unseren Besitz verloren hatten bei der Teilung von Indien und Pakistan, war das mein Trost. Meine Mutter hat mich damals gelehrt, keine Angst zu haben und nicht die Hindus und Sikhs zu hassen.

Pöhlmann: Ich habe die gleichen Erfahrungen als Kind in großer Bedrängnis im Zweiten Weltkrieg gemacht. Ich werde nie vergessen, wie meine Mutter in größter Not ihre Bibel umklammert hat, dass ihre Hände weiß wurden. Gott alleine gab uns Halt, wo der Boden unter uns schwankte.

Razvi: Der Glaube an Gott befreit uns von jedem falschen Glauben. Wer nicht an Gott glaubt, glaubt an alles Mögliche. Wer an nichts glaubt, glaubt an alles.

Pöhlmann: Das islamische Gebet „Allahu akbar“ „Gott ist größer“ drückt diese totale Hingabe an Gott aus. Es ist das Urgebet des Islam und ein Mantra des Islam, weil es immer wieder wiederholt wird in den Gebeten der Moslems.

Razvi: Es ist aus dem Gebot Sure 74, 3 abzuleiten: „Preise die Größe deines Herrn“. Es gibt im Vergleich zu Gott nichts Größeres.

Pöhlmann: Anselm von Canterbury konnte so Gott definieren: er sei „das, im Vergleich zu dem nichts Größeres gedacht werden kann“ („id quo maius cogitari non potest“). [135]

Razvi: Gott ist immer noch größer. Der Sinn von „Gott ist größer“ ist nach Sure 74, 3 der: Ich verherrliche ihn durch

---

135 W. Köhler, Dogmengeschichte. 1951 S. 292

meinen Lobpreis. Er ist der, den ich am meisten preise verglichen mit anderen Respektspersonen, die ich preise. Seine Größe stellt alles in Schatten, was groß ist in der Welt. Er ist immer noch größer. Gott ist auch größer als alle Begriffe von Gott. Kein Begriff von Gott erreicht Gott. Alle Begriffe von Gott bleiben hinter Gott zurück. Durch dieses Gebet wird die totale Transzendenz Gottes betont. In ihm kommt der radikale Monotheismus des Islam zum Ausdruck, der keinen Gott duldet neben dem einen Gott, das feature unserer Religion.

Pöhlmann: „Gott ist größer", „Allahu akbar". Dieses Gebet hat mir als Christ sehr geholfen. Von ihm geht eine geradezu befreiende Wirkung aus: Gott ist größer als alles, was groß sein will und groß tut in meinem Leben. Gott ist größer als der allgegenwärtige Gott Mammon und alle anderen Götter unserer Zeit von der Droge Beliebtheit und Anerkennung bis zur Droge Macht, Einfluss und Erfolg. Gott ist größer als meine Angst, Gott ist größer als meine Zweifel, Gott ist größer als alles, was mich klein macht und einschüchtern will. Er ist auch größer als meine Schuld.

Der Glaube an Gott relativiert alles. Wenn er allein absolut ist, ist alles andere relativ. Wenn er allein absolut gilt, gibt es sonst keine Absolutheitsansprüche mehr in der Welt. Wenn er allein von Belang ist, ist alles andere in der Welt belanglos. Man denke an die aufgedonnerten Belanglosigkeiten unserer Massenmedien.

Razvi: Sprechen wir über ein anderes Gebot der beiden Gebotsreihen, das Elterngebot! Es hat in Sure 17, 23 des Koran den Wortlaut: „Der Herr hat bestimmt …, dass man die Eltern gut behandeln soll. Wenn eines von ihnen oder beide bei dir ein hohes Alter erreichen, so sag nicht zu ihnen ‚Pfui' und fahre sie nicht an, sondern sprich ehrerbietig zu ihnen".

Pöhlmann: Die biblische Fassung des Elterngebotes 2. Mose 20, 12 lautet: „Du sollst deinen Vater und deine Mutter ehren, auf dass du lange lebst in dem Land, das dir der Herr, dein Gott, geben wird". Das Wort für „ehren" hat im hebräischen Urtext auch die Bedeutung von „schwer machen", „Gewicht verleihen". Mit ehren oder schwer machen, d. h. etwas in die Hand geben, ist ursprünglich im Alten Testament die materielle Versorgung der arbeitsunfähigen alten Eltern gemeint, außerdem heißt ehren soviel wie Gewicht geben, Achtung erweisen. Auch das biblische Gebot, „die Eltern zu ehren", bezieht sich wie das koranische in erster Linie auf die alten Eltern, die es zu ehren gilt. Eine Gesellschaft, die wie die unsere den alten Menschen abwertet und im Alter nur noch eine Minusexistenz, Stillstandsexistenz und Leerlaufexistenz sieht, eine Gesellschaft, die den alten Menschen abwertet und die Weisheit und Lebenserfahrung der Alten nicht mehr braucht, richtet sich selber zugrunde.

Razvi: Für uns Muslime ist es schockierend, wie sehr der alte Mensch in der westlichen Gesellschaft abgewertet und wie respektlos er behandelt wird. Es gibt in dieser Gesellschaft keinen Respekt vor den grauen Haaren wie im Islam

Pöhlmann: und wie in der Bibel, wo der Satz steht: „Vor einem grauen Haupt sollst du aufstehen und die Alten ehren" (3. Mose 19, 32). Erschreckend ist die Abwertung des alten Menschen, die sich bei der Beurteilung der demographischen Entwicklung unseres Landes eingeschlichen hat und die sich in abschätzigen Begriffen ausdrückt wie „Vergrauung", „Vergreisung", „Altlast", „Alterskatastophe", „Altersverschrottung" und der Forderung eines Mediziners nach „sozial verträglichem Frühableben". Der alte Mensch wird durch diesen Altersrassismus zum Menschen zweiter Klasse abgestempelt. Ein langes Leben ist nicht mehr ein Segen wie in der Bibel (1. Mose 15, 15) sondern ein Fluch. Man muss sich gar noch schämen, wenn man alt wird.

Razvi: Es gibt keine Ehrfurcht vor dem Alter in der westlichen Gesellschaft wie im Islam. Im Orient ist das anders. Wir ehren die alten Menschen so sehr, dass wir ihnen nicht widersprechen. Sie werden nicht in ein Altersheim abgeschoben sondern bleiben in der Familie, wo wir sie pflegen. Sie sind uns lieb und teuer und wir brauchen sie, um von ihnen zu lernen. Sie leben mit uns und werden in kein Altersghetto verbannt.

Pöhlmann: Reden wir noch über ein anderes wichtiges Gebot der beiden Gebotsreihen, das Tötungsverbot. Es hat in der Bibel den Wortlaut: „Du sollst nicht töten“ (2. Mose 20, 13), im Koran lautet es: „Tötet niemanden, den (zu töten) Gott verboten hat, außer wenn ihr dazu berechtigt seid“ (Sure 17, 33). Ich verstehe die Einschränkung des Gebotes im Koran nicht.

Razvi: Gemeint ist mit dem Beisatz, „außer wenn ihr dazu berechtigt seid“: ein Mensch darf nur getötet werden, wenn er in einem ordentlichen Gerichtsverfahren zum Tode verurteilt wurde.

Pöhlmann: Jesus hat jedes Töten verboten (Mt. 26, 52). Von daher verbietet sich die Todesstrafe in der Justiz, die ein Pharisäismus ohnegleichen ist. Sie ist abgeschafft durch Christus, der durch seinen stellvertretenden Sühnetod am Kreuz den Tod, den die Menschen für ihre Sünde verdient haben, stellvertretend auf sich genommen hat.

Der für uns am Kreuz getötete Gott ist auch das Ende des Tötens im Krieg. Die christliche Ethik verbietet den Krieg (Mt. 26, 52), jedenfalls im Normalfall. Der Grenzfall, wo ein Krieg als das kleinere Übel erlaubt wäre, ist der Verteidigungskrieg, wenn ein Staat, der von einem anderen überfallen wird, sich wehrt, um seine Menschen zu schützen, wie Finnland im Winterkrieg 1940/41 gegen den Überfall der UdSSR. Du sollst nicht töten heißt ja auch: Verhindere, dass andere getötet werden. Verhindere, dass unschuldige Frauen und Kinder getötet werden.

Razvi: Der Islam kennt auch den ethischen Grenzfall des Verteidigungskrieges, in dem das Leben möglichst zu schonen ist, auch das des Angreifers, der nur im Notfall getötet werden darf. So eine Staatsnotwehr war auch die Widerstandsbewegung gegen Hitler, die Hitler töten wollte, um die Tötung von Millionen von Menschen zu verhindern. Aber auch der „Tyrannenmord“ ist nur möglich nach einer ordentlichen Gerichtsverhandlung gemäß Sure 17, 33. Doch das sind alles Grenzfälle, im Normalfall ist im Islam Krieg und Gewalt verboten.

Pöhlmann: Die positive Fassung des Tötungsverbotes lautet: Du sollst das Leben schützen, vor allem das schutzlose Leben schützen wie das ungeborene Leben und das Leben unheilbar Kranker.

Razvi: Du sollst Leben retten.

Pöhlmann: Du sollst Leben schützen, vor allem das schutzlose Leben schützen wie das ungeborene Leben. Die Massenabtreibung in unserem Land ist ein Skandal. Schon eine leichte Reduzierung des Lebensstandards oder die berufliche Karriere ist für viele Frauen ein Grund abzutreiben.

Razvi: Ich verurteile ebenso die gewissenlose Massenabtreibung in unserem Land. Aber auch bei der Abtreibung gibt es wie beim Krieg Grenzfälle, wo sie erlaubt ist, etwa wenn das Leben der Mutter zu retten ist und in Gefahr ist wie bei der medizinischen Indikation und bei der Notlagenindikation. Die Mutter soll hier alleine entscheiden.

Pöhlmann: D'accord. Schutzloses Leben zu schützen heißt auch, das Leben unheilbar Kranker zu schützen gegen aktive Euthanasie,

Razvi: wenn man ihn durch eine Giftspritze oder sonstwie töten will. Ich bin gegen jede aktive Euthanasie, auch wenn der Kranke die Tötung wünscht und verlangt. Anders ist es bei der passiven Euthanasie, wenn man bei einem unheilbar Kranken und Sterbenden nicht eingreift sondern allem seinen Lauf lässt. Ihn an Lebensverlängerungsmaschinen anzuschließen, hieße nicht, sein Leben sondern sein Leiden zu verlängern. Man sollte einen Sterbenden sterben lassen und nicht künstlich am Leben erhalten wollen. Das Einzige, was bei einer Krankheit ohne Hoffnung auf Rettung geboten ist, ist die Schmerzlinderung durch palliative Mittel.

Pöhlmann: Gott ist der Herr über Leben und Tod, nicht der Mensch.

Razvi: Durch das Tötungsverbot unserer Gebote ist auch der Selbstmord verboten. Man darf sich nicht töten. Gott ist auch hier der Herr über Leben und Tod, nicht der Mensch. Es gibt beim Suizid auch keine Grenzfälle.

Pöhlmann: Der Freitod ist vom Tötungsverbot her grundsätzlich verboten. Aber es gibt hier doch, denke ich, Grenzfälle, etwa wenn man einem unmenschlichen und würdelosen Tod durch den Freitod zuvorkommt wie viele Widerstandskämpfer im Dritten Reich, die die Folter der Gestapo nicht aushielten oder Angst hatten, unter ihr Kameraden zu verraten, oder wie Jochen Klepper, der mit seiner jüdischen Frau und Tochter aus dem Leben schied, als diese ins KZ deportiert werden sollten. Selbstmord kann auch ein verzweifeltes Sich-Fallen-Lassen in Gottes Vaterarme sein. Sprechen wir noch über das gemeinsame Gebot: „Du sollst nicht ehebrechen", so 2. Mose 20, 14. „Lasst euch nicht auf Unzucht ein. Sie ist etwas Abscheuliches und ein übler Weg" so Sure 17, 32.

Razvi: Durch das Gebot von 17, 32 wird der außereheliche Verkehr, der heute in unserem Land fast die Regel ist, verurteilt, weil er verantwortungslos ist und weil in ihm keine Verantwortung übernommen wird für den Partner. Verantwortungslose Beziehungen schaden dem Partner und missachten den Partner. Er wird zum Objekt und bleibt kein Subjekt. Nur in der Ehe bleibt er Subjekt, weil man durch diese letztgültige Bindung Verantwortung für den Partner übernimmt.

Pöhlmann: Auch aus christlicher Sicht ist nur eine verantwortliche Sexualität zu bejahen. Die Ehe ist als der letztverbindliche Treuebund eine Institution, in der diese verantwortliche Sexualität am besten aufgehoben ist – sosehr es auch freie Lebensgemeinschaften geben mag, die das sein können, wenn sie sich denn als letztgültigen Treuebund verstehen wie die Ehe.

Razvi: Aber ist nicht die Rechtsform der Ehe eine Gewähr und eine Garantie dafür, dass unser Treuebund letztgültig ist?

Pöhlmann: Nicht unbedingt, wie die vielen Scheidungen zeigen. Wie auch immer: Ein Lebensbund macht nur glücklich, wenn er letztverbindlich ist. Es gibt kein größeres Glück als das, wenn die Partner zueinander sagen: wir wollen für immer beieinander bleiben, ich will dich nie verlassen, ich kann mich auf dich verlassen oder wie immer man Ehe umschreiben kann. Wir wissen das von unseren Ehen.

Razvi: Brechen wir hier ab. Das Gesagte zeigt: beide Religionen haben einen gemeinsamen Wertekanon. Es gilt, ihn in einer orientierungslosen Zeit zur Geltung zu bringen.

Pöhlmann: Wichtig sind kleine Schritte statt großer Worte. Die Gebote der beiden Religionen leiten dazu an.

11. Einig in der Mystik?[136]

Pöhlmann: Das christliche Vorurteil, Allah sei ein ferner Transzendenzgott[137], scheitert schon an der islamischen Mystik. Viele islamische Mystiker reden davon, dass Gott im Menschen wohnt und dass der Gläubige mit Gott eins wird in der unio mystica wie Nuri[138], All-Hallaj[139], Al-Ghazzali[140], Ibn Arabi[141], Attar[142], Rumi[143] ebenso wie die islamische Mystikerin Rabia al-Adawiyya[144]. Sie wissen davon: Es gibt einen Raum in uns, in dem Gott wohnt und zu dem nichts und niemand Zutritt hat, auch nicht mein Über-Ich.
Razvi: Der Islam ist eine mystische Religion. Nach dem Koran Sure 50, 16 „sind wir" Gott „näher als die Halsschlagader". Ein weiterer Beleg dafür, dass der Islam eine mystische Religion ist, ist die Sakinalehre des Koran. Von Allah heißt es im Koran Sure 48, 4: „Er ist es, der die Sakina den Gläubigen ins Herz herabgesandt hat ..." Sakina ist die Gegenwart Gottes, ähnlich der jüdischen Schechina[145]. Allah schenkt dem Gläubigen seine Gegenwart, die sein Herz erfüllt.
Pöhlmann: Auch nach dem Neuen Testament wohnt Gott in den Menschen (1. Joh. 4, 16b; Apg. 17, 27 f.). Durch seinen Geist ist er dem Menschen so nahe, dass er mit seinem

---

136 A. Schimmel, Sufismus. 2000; R. Gramlich, Islamische Mystik. 1992; E. Bock, Die Mystik in den Religionen der Welt. 1993; W. Nigg, Heimliche Weisheit. 1959; Deutsche Mystik. L. Gnädinger (Hg.) 1989; A. Th. Khoury, Der Islam. 6. Aufl. 2001 S. 154 ff.
137 W. Philipp, Religiöse Strömungen unserer Gegenwart. 1963 S. 264; J. Gnilka, Bibel und Koran. 4. Aufl. 2004 S. 80
138 R. Gramlich, Islamische Mystik. 1992 S. 15
139 E. Bock, Die Mystik in den Religionen der Welt. 1993 S. 297
140 E. Bock, a. a. O. S. 306
141 E. Bock, a. a. O. S. 310
142 E. Bock, a. a. O. S. 314
143 E. Bock, a. a. O. S. 319
144 E. Bock, a. a. O. S. 282
145 Anderswo wie in Sure 9, 40 ist ebenso von der Sakina die Rede

Ich tauscht (Röm. 8, 26). Auch das Christentum ist eine mystische Religion wie der Islam.

Razvi: Die Mystik eint Islam und Christentum. Islamische Mystiker und christliche Mystiker drücken sich ganz ähnlich aus und ich finde dieselben Worte, die ich von islamischen Mystikern kenne, bei den christlichen Mystikern Dionysius Areopagita, Meister Eckhart, Mechthild von Magdeburg, Therese von Avila, Therese von Lisieux, Johannes vom Kreuz und Jakob Böhme. Sie alle bezeugen, dass Gott im Menschen wohnt und dass folglich der Mensch unmittelbar ist zu Gott und keiner Vermittlung bedarf. Nach All Hallaj „kreisen" die Mystiker „um Gott", sie „brauchen die Kaaba" nicht. [146]

Pöhlmann: Sie sind unmittelbar zu Gott und brauchen keine Heilsmittel wie die Sakramente der Kirche. „Auch ohne Mittel kann er kommen in das Herz", sagt Meister Eckhart [147], Gott kommt unvermittelt ins Herz. Die mystische Unmittelbarkeit ist in beiden Religionen anzutreffen.

Razvi: Mystik ist eine ganz persönliche, unmittelbare und unvermittelte Gotteserfahrung. Weil sie persönlich ist, ist sie sehr unterschiedlich. Fern von jedem äußerlichen Ritualismus geht es hier um eine individuelle Erfahrung Gottes, die in die Tiefe geht und nicht an der Oberfläche bleibt.

Pöhlmann: Der Mystiker taucht unter in die Tiefe Gottes und er lässt alle Flachheiten hinter sich, die unsere Welt beherrschen.

Razvi: Der Mystiker begibt sich auf einen mystischen Pfad. Dieser Pfad ist voller wunderbarer Erfahrungen, man erlebt Gott sehr fern und doch sehr nahe, physisch nahe. Als ich kürzlich sehr krank war und betete, war plötzlich Einer da, dem ich den Kopf in den Schoß legen konnte, und ich fühlte mich vollkommen geborgen. Mystik ist die höchste Stufe im Islam, wenn das Herz ergriffen wird von Gott. Dabei gibt es im Islam keinen Gegensatz zwischen Herz und Geist des

146 E. Bock, a. a. O. S. 297
147 W. Nigg, Das Buch der Ketzer. 2. Aufl. 1949 S. 280

Menschen. Das Herz ist ein geistiges Herz. Der Geist des Menschen ist nicht getrennt vom Herzen sondern mit ihm identisch. Der Sitz des Verstandes ist nicht im Kopf sondern im Herzen. Die mystische Gottesglut des Gottergriffenen lässt allen Rationalismus hinter sich. Religion ist Herzenssache.

Pöhlmann: Das gilt auch von der christlichen Mystik, etwa des Pietismus. Ich komme aus dem Pietismus und kenne diese spontane, ganz im Herzen verankerte Religiosität.

Razvi: Die Mystik verinnerlicht die Gottesbeziehung. Der mystische Weg ist der Weg nach innen.

Pöhlmann: Stemm dich nicht gegen eine Tür, die nur nach innen aufgeht!

Razvi: So ist es.

Pöhlmann: Auch andere Wesensmerkmale der Mystik entdecken wir in beiden Religionen wie die Entwerdung. Der christliche Mystiker Heinrich Seuse redet genauso von der mystischen Entwerdung des Menschen[148] wie die islamischen Sufis Anṣari[149], Aḥmad Gazzali[150] und Attar[151]. Der Mensch gibt sich selbst auf, um in Gott unterzugehen wie der Wassertropfen im Meer, ein Vergleich, der nicht nur im Islam[152] und Christentum[153] sondern in allen Religionen anzutreffen ist. Der Mensch gibt sich selbst auf, um in Gott aufzugehen wie ein Tropfen im Meer. Es gibt eine mystische Grunderfahrung in allen Religionen.

Razvi: Wir sind in der Tat nur ein Wassertropfen, der im Meer Gottes verschwindet. Es gibt verschiedene Dimensionen im Islam, eine ist die monistische, ähnlich wie im Neuplatonismus. Der Mensch ist eins mit Gott, trennt sich von ihm und wird wieder eins mit Gott. Neben dem Tropfen-

148 E. Bock, Die Mystik in den Religionen der Welt. 1993 S. 424 f.
149 R. Gramlich, Islamische Mystik. 1992 S. 97
150 R. Gramlich, a. a. O. S. 111
151 R. Gramlich, a. a. O. S. 155
152 R. Gramlich, a. a. O. S. 156; E. Bock, a. a. O. S. 283, 310
153 W. Nigg, Große Heilige. 1993 S. 515; vgl. Jesus Sirach 18, 8

Meer-Gleichnis gibt es im Islam noch andere Gleichnisse wie das Dattel- und Weintraubengleichnis. Solange die Dattel mit dem Baum verbunden ist, bleibt sie heil. Wenn sie herunterfällt vom Baum, stirbt sie. Solange die Weintraube am Weinstock hängt, lebt sie. Wenn sie von ihm abgetrennt wird, stirbt sie.

Pöhlmann: Ein Gleichnis, das auch die Bibel kennt. Jesus sagt: „Bleibt in mir und ich in euch. Wie die Rebe keine Frucht bringen kann aus sich selbst, wenn sie nicht am Weinstock bleibt, so auch ihr nicht, wenn ihr nicht in mir bleibt. Ich bin der Weinstock, ihr seid die Reben. Wer in mir bleibt und ich in ihm, der bringt viel Frucht; denn ohne mich könnt ihr nichts tun". (Joh. 15, 4 f.)

Razvi: Rebe und Weinstock sind zwar eins, aber doch nicht dasselbe. Selbst in der höchsten mystischen Stufe bleibt der Mensch ein Anbeter Gottes. Er wird nicht gottgleich. Entwerden heißt: Ich sterbe der Welt und vereine mich wieder mit Gott. Gott und Mensch sind „unvermischt und ungetrennt", wie es im Konzil von Chalzedon (451) heißt.[154]

Pöhlmann: Der Mensch wird nicht Gott. Er ist mit Gott eins. Er ist nicht Gott gleich, aber mit Gott eins. So wie Liebende eins sind. Im Neuen Testament lesen wir: „Gott ist die Liebe; und wer in der Liebe bleibt, der bleibt in Gott und Gott in ihm". (1. Joh. 4, 16b) In beiden Religionen treffen wir auf eine Liebesmystik bis zum Ichtausch zwischen Gott und mir. Der Sufi Ahmad Gazzali schreibt: „Der Geliebte sprach zum Liebenden: komm, werde ich".[155] Paulus äußert sich im Galaterbrief ganz ähnlich: „Ich lebe, doch nicht mehr ich, sondern Christus lebt in mir". (Gal. 2, 20) Der Sufi Rumi schreibt: „In Gottes Gegenwart passen keine zwei Ich. Du sagst Ich und Er sagt Ich – entweder stirbst du vor

154 Denzinger-Schönmetzer 302

155 R. Gramlich, Islamische Mystik. 1992 S. 111; genauso der Sufi All-Hallaj in: E. Bock, Die Mystik in den Religionen der Welt. 1993 S. 298

Ihm oder Er stirbt vor dir, damit keine Zweiheit bleibe“.[156] Meister Eckhart meint: „Wo noch zwei sind, da ist die Liebe nicht“.[157] Therese von Lisieux erlebt diese mystische Entwerdung bei ihrer Erstkommunion: „Es war ein Aufgehen ineinander. Wir waren nicht mehr zwei getrennte Wesen. Therese war verschwunden, wie sich ein Wassertropfen im weiten Ozean verliert – Jesus allein war zurückgeblieben“.[158]

Razvi: Ich bejahe diese Liebesmystik. Der Liebende lässt sich los und gibt sich hin und gibt sich auf, wenn er denn wirklich liebt – wir wissen das von der Liebe zwischen Mann und Frau. Der Liebende geht auf im Geliebten. Die Liebe will sich verlieren. Aber nur wir Menschen vergehen und geben unser Selbst auf, nicht Gott gibt sein Selbst auf – ich kann hier Rumi nicht folgen. Der Mensch gibt sich auf, Gott gibt sich nicht auf.

Pöhlmann: Ich denke hier als Christ anders. Nach Paulus gibt sich Gott auf am Kreuz. Er entäußert sich seiner Gottheit (Phil. 2, 7), um Mensch und unser Mitmensch zu werden. Er „gibt … die … Gottheit dran“, wie es im dem Weihnachtslied „Lobt Gott, ihr Christen alle gleich“ heißt (EG 27). In der Christusmystik[159] unterscheiden sich beide Religionen. Nach dem Islam wird Gott nicht Mensch wie nach dem Christentum.

Razvi: Sicher. Doch in beiden Religionen geht es darum, dass die Liebe sich nicht behalten sondern sich verlieren will, dass sie sich preisgibt an den Geliebten, dass sie nichts von ihm haben will sondern *ihn* haben will, dass sie nicht etwas von ihm haben will wie Lohn oder gute Werke, sondern dass sie ihn haben will, dass sie unbedingt liebt und ihre Liebe nicht von Bedingungen abhängig macht.

---

156 E. Bock, a. a. O. S. 320

157 W. Koehler, Dogmengeschichte. 1951 S. 287

158 W. Nigg, Große Heilige. 1993 S. 515

159 zur Christusmystik des Paulus siehe A. Schweitzer, Die Mystik des Apostels Paulus. 2. Aufl. 1954

Pöhlmann: Dass sie kein „Warum" kennt, wie Angelus Silesius meint.[160] Die Liebe liebt, weil sie liebt, und sie liebt nicht, um etwas zu bekommen.
Razvi: Die echte Liebe. Auch das wissen wir wieder aus der Liebe von Mann und Frau, sosehr die zwischenmenschliche Liebe nur ein schwaches Abbild der Liebe zwischen Gott und Mensch ist.
Pöhlmann: Die Liebe liebt, weil sie liebt, und sie liebt nicht, um etwas vom Geliebten zu bekommen, weder die Liebe Gottes zu uns noch unsere Liebe zu Gott. Er liebt uns, weil er uns liebt und nicht weil wir gute Werke tun. Wir lieben ihn, weil wir ihn lieben und nicht weil wir von ihm Lohn empfangen.
Diese Liebesmystik führt in beiden Religionen zur Ekstase. Paulus wurde „entrückt in das Paradies". (2. Kor. 12, 4)
Razvi: Das stimmt. Aber diese Ekstase darf nicht in Schwärmerei ausarten. Der Mystiker bleibt auf dem Boden der Realität und er hängt nicht den Kopf in die Wolken. Man kann nicht an seinem Nächsten vorbei Gott lieben. Wer nicht seinen Nächsten liebt, liebt auch Gott nicht.
Pöhlmann: Im 1. Johannesbrief des Neuen Testaments lesen wir: „Wenn jemand spricht: Ich liebe Gott und hasst seinen Bruder, der ist ein Lügner". „Dieses Gebot haben wir von ihm, dass der, der Gott liebt, auch seinen Bruder liebt". (1. Joh. 4, 20 f.) Paulus warnt Schwärmer: „Wenn ich mit Menschen- und mit Engelszungen redete und hätte die Liebe nicht, wäre ich ein dröhnendes Erz oder eine lärmende Pauke". (1. Kor. 13, 1)
Razvi: Die stille Tat zählt allein.
Pöhlmann: Die Stille ist es auch, in der sich in beiden Religionen die mystische Einung mit Gott ereignet, nicht durch Worte.

160 W. Nigg, Heimliche Weisheit. 1959 S. 213; die Rose ist bei ihm gemeint als Symbol der Liebe

Razvi: Im Schweigen, nicht durch Worte. [161]
Pöhlmann: So wichtig auch Worte sein mögen. Meister Eckhart kann sogar sagen: „Eigentlich betest du recht, wenn du um nichts bittest" [162]; „Willst du nun vollkommen sein, so kläffe nicht von Gott". [163] Nur wenn wir still sind, kann Gott zu uns reden. Wie wichtig ist daher die tägliche Meditation.
Razvi: Wer seine Ruhe in Gott gefunden hat, wird auch selber ruhig.
Pöhlmann: Er wird gelassen, wie die Mystiker immer wieder betonen. Wir kennen die Losung Meister Eckharts „Lass dich". [164]
Razvi: Diese Gelassenheit tut Not in der lärmenden Hektik unserer Welt, wo es keine Stille mehr gibt sondern wir dauernd umdröhnt werden von dem multimedialen Geschwätz
Pöhlmann: mit seinen aufgedonnerten Belanglosigkeiten. In unserer Welt regiert „der Fürst der Finsternis und des Lärms" (Botho Strauß).
Razvi: Der Mystiker ist ruhig, denn er ist zuhause. Er ist in Gott geborgen und im Universum, dessen Herr Gott ist.
Pöhlmann: Die großen Dinge geschehen in der Stille, nicht im Lärm (1. Kg. 19, 11 f.).

---

161 so in der sufistischen Mystik, E. Bock, Die Mystik in den Religionen der Welt. 1993 S. 294
162 W. Nigg, Das Buch der Ketzer. 2. Aufl. 1949 S. 264
163 W. Koehler, Dogmengeschichte. 3. Aufl. 1951 S. 350
164 W. Nigg, a. a. O. S. 264

12. Zwischen Absolutismus und Relativismus

Pöhlmann: Gibt es so etwas wie eine Theorie der Religionen [165]?
Razvi: Diese Frage gibt es schon bei Mohammed. Wichtig ist uns Moslems, mit welchem Ziel wir den Dialog der Religionen mit anderen führen.
Pöhlmann: Was ist das Ziel? Da'wa islamiya, der Aufruf zum Islam?
Razvi: Das Ziel des Dialogs mit anderen Religionen ist, eine pluralistische Gemeinschaft der Religionen zu erreichen, weil der Islam ja das Christentum und Judentum einschließt, nicht ausschließt. Alle diese drei Religionen sind göttliche Offenbarungen, sind Schriftbesitzer.
Pöhlmann: Was ist mit den anderen Religionen?
Razvi: *Alle* Religionen sind nach dem Islam göttliche Offenbarungen. Keine Religion kann für sich allein einen Absolutheitsanspruch auf Offenbarung erheben. Ich lehne so einen Absolutismus ab. In allen Religionen offenbart sich Gott, nicht nur in einer einzigen. Wir Moslems unterscheiden drei Formen von Religionen: 1. Die natürlichen Religionen wie der Animismus u. ä., 2. Die philosophischen Religionen wie die Religion des Sokrates oder Plato u. a., 3. Die Schriftreligionen, zu denen auch der Hinduismus und Buddhismus zählen, die ja auch heilige Schriften haben, die kanonische Geltung haben (Upanishaden, Bhagavadgita, Tipitaka), nicht nur das Judentum, Christentum und der Islam. Alle diese Religionen sind wahre Wege der Erlösung, des Heils und der Sinnerfüllung.
Pöhlmann: Also ein Relativismus? Alles ist relativ. Jeder hat Recht und keiner hat Recht.
Razvi: Nein. Es gibt eine transzendente Einheit der Wahrheit und eine transzendente Einheit der Religionen. Der Relativismus lehnt ja jede Wahrheit ab. Es gibt Wahrheit,

---

165 zu den 5 Positionen der Theologie der Religionen siehe H. G. Pöhlmann, Begegnungen mit dem Hinduismus. 1995 S. 106–137

Gott ist die Wahrheit. Keine Religion hat aber einen Monopolanspruch auf diese Wahrheit, wie es der Absolutismus lehrt, etwa Karl Barth.[166]

Pöhlmann: Auch ich lehne den Absolutismus und Exklusivismus ab, der einen Monopolanspruch einer Religion auf die Wahrheit beansprucht, den nur Gott erheben kann. Aber auch ein Relativismus, der einen Beliebigkeitspluralismus vertritt nach dem „anything-goes"-Prinzip einer „prinzipienlosen Gesellschaft" P. Feyerabends[167], ist verfehlt. Der Mensch braucht inmitten des Relativen etwas Absolutes, woran er sich halten kann im Leben und im Sterben. Dieses Absolute kann freilich nie eine Religion sein, sondern nur Gott. Andernfalls werden Religionen vergöttert

Razvi: wie es der religiöse Absolutismus tut mit seinen Absolutheitsansprüchen für eine Religion.

Pöhlmann: Ein gleichgültiger, lässig verspielter Wahrheitsrelativismus schließt sich aber auch vom Wesen der Religion her aus, die immer etwas ist, was mich auf Leben und Tod fordert, was mich „unbedingt angeht" (P. Tillich),[168] was mir den Atem versetzt. Der Relativismus, für den es egal ist, was man glaubt, und für den es keine Wahrheit gibt, hat nicht begriffen, was Religion ist.

Razvi: Der eine Sonnenstrahl der Wahrheit erreicht uns freilich nur in vielfacher Brechung. Es gibt eine Vielfalt der Wahrheit und somit eine Vielfalt der Religionen.

Pöhlmann: Jeder Mensch ist anders und jeder Mensch hat einen anderen Weg des Glaubens.

Razvi: Der theologische Begriff dafür ist die analogische Differenzierung. Jede Religion ist in ihrem innersten Kern eine Immanation Gottes und so gesehen vollkommen, wie

---

166 für Karl Barth ist nur das Christentum die „wahre Religion": Karl Barth, Kirchliche Dogmatik I 2 S. 357

167 P. Feyerabend, Erkenntnis für freie Menschen. 1980 S. 97 ff., 77

168 Paul Tillich, Die Frage nach dem Unbedingten. Ges. Werke V 2. Aufl. 1978 S. 40

wir vom Neuplatonismus gelernt haben. Keine Religion hat freilich einen Absolutheitsanspruch, nur Gott.

Pöhlmann: Keine Religion ist vollkommen. Keine besitzt die ganze Wahrheit, die nach dem Neuen Testament zu den letzten Dingen gehört (1. Kor. 13, 9 f.; Joh. 16, 13), jede hat nur Bruchstücke von der Wahrheit (1. Kor. 13, 9f. 12).

Razvi: Die Offenbarung ist in den Religionen vollkommen, nicht aber absolut, absolut ist nur Gott, wie du sagtest. Es gibt Wahrheit, aber keiner besitzt sie. Gott ist die Wahrheit.

Pöhlmann: Es gibt Wahrheit (1. Kor. 13, 6), obschon wir nur Bruchstücke von der Wahrheit erkennen (1. Kor. 13, 9. 12). Wir lehnen beide den Absolutismus und Relativismus, den Exklusivismus und Beliebigkeitspluralismus ab. Ein mittlerer Weg zwischen diesen Extremen ist der Inklusivismus Karl Rahners. Die nichtchristlichen Religionen sind für ihn Heilswege wie das Christentum. Das Christentum überbietet aber alle anderen Religionen, deren Heilswege alle im Christus der Kirche ihren Schnittpunkt und Endpunkt haben. [169] Rahner spricht vom „anonymen Christentum" der ungetauften Menschen. [170] Wie beurteilst du diesen Inklusivismus?

Razvi: Der Inklusivismus war lange Zeit die klassische islamische Position, wonach alle Religionen wahre Religionen sind, aber nur der Islam die volle Wahrheit lehrt. Nur er ist die vollendete Religion. Ich denke hier anders, wie viele andere Moslems auch. Jede Religion ist eine vollendete Religion. Denn der Heilige Geist wirkt in allen Religionen. Der Heilige Geist tut keine halbe Arbeit. Die Pluralität der Religionen bringt kraft des Heiligen Geistes neue Früchte hervor. Sie sind in allen Religionen gleich groß und nicht in der eigenen Religion größer. Die Moslems sind nicht die besseren Menschen.

Pöhlmann: Warum werbt ihr dann für eure Religion?

---

169 Karl Rahner, Schriften zur Theologie. VIII 1975 S. 370. 372 f.

170 Karl Rahner, a. a. O. S. 187 ff.

Razvi: Alle anderen können auch werben und man muss sehen, was Gott daraus macht. Nicht nur der Islam, jede Religion soll ihre Überzeugung äußern.
Pöhlmann: Und man muss dann sehen, wer wen überzeugt. Auch ich bin der Meinung, dass der Heilige Geist auch außerhalb der Kirche wirkt (1. Mose 1, 2; 2, 7; Ps. 104, 29 f.; Weisheit 1, 7). Und er macht dort wohl keine halben Sachen.
Razvi: Der Islam ist mein wahrer Weg. Für dich ist das Christentum der wahre Weg. Es gibt eben viele wahre Wege. Der Geist Gottes wird uns in alle Wahrheit leiten (Joh. 16, 13). Auf diese seine Rechtleitung vertraue ich. Das hat nichts zu tun mit einem Beliebigkeitspluralismus, der sich im religiösen Supermarkt Religionen wie Käsesorten aussucht und ausprobiert. Gott hat mich auf diesen einen Weg gestellt. Wichtig ist: Alle Wege, deiner wie meiner, führen zum selben Ziel, Gott.
Was ist dein Konzept einer Theologie der Religionen?
Pöhlmann: Zweierlei ist mir wichtig. Erstens: ein Dialog ist nur echt, wenn die Dialogpartner gleichberechtigt sind und wenn der Ausgang des Dialogs auch für mich, nicht nur für den anderen offen ist. Es darf in ihm keine vorprogrammierten Gesprächsergebnisse geben. Ebenso schließen sich von so einem offenen Dialog unter Gleichen her Überbietungs- und Absolutheitsansprüche für eine Religion, sowie Wahrheitsmonopole aus. Der Absolutismus ist sein Tod. Der Christ hat dem Nichtchristen nichts voraus, denn keiner hat die ganze Wahrheit, zu der wir alle unterwegs sind. Wir erkennen nur Bruchstücke der Wahrheit, nicht die ganze Wahrheit, die zu den letzten Dingen gehört (1. Kor. 13, 9 f.). Ich brauche also das Bruchstück des anderen, um zu erahnen, was die ganze Wahrheit ist.
Zweitens: Es gibt Wahrheit, wenn ich sie auch nur fragmentarisch erkenne. Die Standpunktlosigkeit des Relativismus ist ebenso das Ende jeden Dialogs wie das intolerante Wahrheitsmonopol des Absolutismus und Exklusivismus. Ohne

Standpunkte kommt ein Dialog nicht in Gang. Offener Dialog und Wahrheitszeugnis schließen sich nicht aus sondern ein. Auch der Andersgläubige wird seine Wahrheit bezeugen, mit der er lebt und stirbt, wie ich. Das Gespräch muss erweisen, wer wen überzeugt. Nach der Goldenen Regel (Mt. 7, 12) wird mir das, was der andere bezeugt, mindestens so wichtig sein wie mein eigenes Zeugnis und ich werde mich loslassen und einlassen auf ihn als wäre ich ein Jude, Moslem, Hindu oder Buddhist (1. Kor. 9, 20 f.). Die Liebe „sucht nicht sich selbst" (1. Kor. 13, 5b) sondern den anderen. Sie denkt und fühlt sich in den anderen hinein.
Ich kann mich weder mit dem Exklusivismus noch mit dem Inklusivismus oder Relativismus identifizieren und suche einen vierten Weg, einen vierten Weg jenseits exklusivistischer Ausgrenzung, inklusivistischer Vereinnahmung und relativistischer Gleichgültigkeit. Ich denke, mein Konzept ist von dem deinen nicht so weit entfernt.
Razvi: Ja. Es ist nicht so weit entfernt von dem meinen. Ich habe nur andere Formulierungen und Denkkategorien. Ich würde nicht von Bruchstücken der Wahrheit reden wie du. Es gibt die volle Wahrheit und sie wird schon heute offenbar, wenn auch auf verschiedene Weise. Es gibt keine halbe Wahrheit sondern nur eine ganze Wahrheit. Die Wahrheit ist freilich transzendent und sie übersteigt unser Fassungsvermögen. Nur Gott allein weiß, was Wahrheit ist. Ob diese Wahrheit im Buddhismus oder im Christentum oder im Islam anwesend ist, ist keine Frage. Aber jede Religion erlebt diese eine Wahrheit anders, wie ein Mensch das Licht anders wahrnimmt als eine Katze oder ein Vogel. Jeder nimmt sie anders wahr, aber sie ist immer dieselbe Wahrheit. Keine der Religionen hat weniger Wahrheit, alle haben die volle Wahrheit. Die Wahrheit ist ganz, nicht halb, unteilbar, nicht teilbar. Es gibt bei der Wahrheit kein gut, besser, am besten. Sie ist immer die beste, ist sie doch eine der Namen Gottes und mit Gott identisch. Was die Christen als Wahrheit glauben (Joh. 14, 6), ist eine andere Wahrheit als

die, an die der Islam glaubt, und es ist doch die selbe Wahrheit.

Pöhlmann: Jeder gibt der selben Wahrheit einen anderen Namen.

Razvi: Es ist die selbe Wahrheit und doch eine andere, so wie das selbe Haus von vorn, von hinten, von der Seite und von oben gesehen anders aussieht.

Personenregister

Sachregister